城郊新农村建设丛书

城郊农村如何搞好小城镇建设

编著者

陈 娆 田淑敏 何美丽

郭爱云 禹拥军

金盾出版社

内 容 提 要

本书为“城郊新农村建设丛书”的一个分册。内容包括:城郊小城镇是怎样发展起来的,有什么特色,城郊小城镇发展的动力是什么,城郊农村如何搞好小城镇建设,如何搞好小城镇的行政管理、社区管理,如何搞好城郊小城镇的规划与建设,如何评价小城镇的发展以及国外是如何建设城郊小城镇的。内容新颖,语言通俗易懂,涵盖了城郊小城镇建设的方方面面,适合农村乡、镇、村的干部和广大农民阅读,亦可供县以上相关部门工作人员参考。

图书在版编目(CIP)数据

城郊农村如何搞好小城镇建设/陈 娆等编著.—北京:金盾出版社,2006.3
(城郊新农村建设丛书)
ISBN 978-7-5082-3939-2

Ⅰ.城… Ⅱ.陈… Ⅲ.城镇-城市建设-研究-中国 Ⅳ.F299.21

中国版本图书馆CIP数据核字(2006)第012180号

金盾出版社出版、总发行
北京太平路5号(地铁万寿路站往南)
邮政编码:100036 电话:68214039 83219215
传真:68276683 网址:www.jdcbs.cn
封面印刷:北京印刷一厂
正文印刷:京南印刷厂
装订:新华装订厂
各地新华书店经销

开本:850×1168 1/32 印张:5 字数:123千字
2012年6月第1版第6次印刷
印数:35 001～40 000册 定价:10.00元

序

全面建设小康社会重点在农村，难点也在农村。党中央审时度势、高屋建瓴，适时提出建设社会主义新农村的重大历史任务。党的十六届五中全会提出社会主义新农村建设的宏伟目标是：生产发展、生活宽裕、乡风文明、村容整洁、管理民主，这五个方面体现了经济建设、政治建设、文化建设、社会建设四位一体的发展布局，为我们清晰地勾画出了社会主义新农村的美好前景和实现途径。

多年来，以北京农学院院长王有年教授为代表的一大批长期致力于城郊农业、农民与农村问题以及都市型现代农业研究的专家、学者，一直坚持“立足京郊，服务三农”的方针，以科教文为主导战略，以科教兴村为主线，开展了形式多样的科教兴村富民活动，结合城市郊区的实际情况，摸索出了许多各具特色的解决城市郊区“三农”问题的模式与经验，取得了丰硕的成果。春江水暖鸭先知，党的十六届五中全会决议公布后，他们及时领悟到了党中央英明决策的时代内涵和作为研究“三农”问题的学者所肩负的历史使命。他们深切地感受到，城市郊区与传统意义上的农村具有不同的特点，而且，城市郊区在新农村建设，乃至实现社会主义小康社会宏伟目标方面具有举足轻重的地位。基于上述认识，从 2004 年 4 月开始，北京农学院的部分学者、专家与同样负有使命感的金盾出版社的同志们就开始研究如何编写一套体现城市郊区特点的、适合广大农村基层干部和有一定文化水平农民阅读的普及性丛书，其目的在于认真总结科教兴村的理论与实践，形成规律性认识，从而使全国的科教兴村工作水平不断提高。同时，借鉴近年来涌现出的新理论和新技术，以科教兴村为载体更好地推进城郊新农村建设步伐。因此，编委会以服务城郊新农村建设为宗旨，以强村富民为中心，围绕都市农业、结构调整、科技需求、农产品贸易、组织创新、小城镇建设等热点问题，提炼出 14 个专题，分别成册。

各分册作者均为工作在相关领域教学、科研第一线的中青年专家、学者，他们大多具有硕士、博士学位。他们长期致力于“三农”问题的研究，始终用自己所学的知识服务于京郊大地，把论文写在京郊大地上，对京郊乃至全国农业、农村、农民问题有着深切的感受和较多的关注，在相关领域均做出不菲成绩。在编写过程中，他们融合了北京市社科基金项目“科教兴村的理论与实证研究”取得的成果，以实际、实用、实效和突出新理念与新科技为原则，体现时代性、科学性和前瞻性，融思想的先进性、知识的可读性和实践的可操作性于一体。经过一年多的不懈努力，广泛征求各方面的意见，精益求精，几易其稿，终于完成了编写任务。功夫不负有心人，整套丛书深入浅出，通俗易懂，特色鲜明，针对性和实用性强。

我认为，建设社会主义新农村是一个长期奋斗的过程，需要付出艰苦的努力。改革开放以来，我国人民在党的领导下，凭着自己的智慧、能力和汗水，取得了经济社会发展的巨大成就，也初步走出了一条生产发展、生活富裕、生态良好的文明发展道路。广大农民群众在改革发展的实践中，迸发出无穷智慧，创造了无数奇迹。今天，我们正站在一个新起点上，我相信，这套丛书肯定会成为农村、特别是城郊农村干部与群众的好帮手，对其他地区的农村干部和群众也具有重要的指导意义。

这套丛书也为即将迎来的北京农学院五十周年华诞献上一份

重重的厚礼。我衷心祝愿，北京农学院广大师生能够传承先进文化，推广现代科技，培育新型农民，为社会主义新农村建设做出新贡献，创造辉煌成就。

农业部原副部长
中国农学会名誉会长

二〇〇六年二月六日

前　言

列宁同志在《列宁全集第三卷》中谈到俄国农村资本主义发展时指出:“在农村应该促进农民的流动,加快农村的城镇化建设”。党的十五届三中全会指出:“发展小城镇,是带动农村经济和社会发展的一个大战略”。2000 年 6 月 13 日,中共中央、国务院颁发的《关于促进小城镇健康发展的若干意见》明确指出:“发展小城镇,是实现我国农村现代化的必由之路”。“十六大”又进一步指出:“农村富余劳动力向非农产业和城镇转移,是工业化和现代化的必然趋势。要逐步提高城镇化水平,坚持大中小城市和小城镇协调发展,走中国特色的城镇化道路”。发展小城镇,有利于转移农村富余劳动力,有利于从根本上解决“三农”问题,有利于统筹城乡协调发展。随着农村城镇化进程的不断加快,广大农村将逐步纳入城乡一体化建设的框架。正如亚当·斯密所讲,随着农村道路的发达,远离城市的农村都会变成城市郊区。

本书是为适应我国城郊农村小城镇的建设与发展而作,本书既有理论知识的介绍,又有实践的探讨,并且每章都附有相关案例。主要介绍了城郊小城镇是怎样发展起来的;城郊小城镇的发展类型;城郊小城镇发展的动力是什么;怎样搞好城郊小城镇的经济建设;怎样搞好城郊小城镇的行政管理;怎样搞好城郊小城镇社区管理;怎样搞好城郊小城镇的规划。最后介绍了国外是怎样发展和建设城郊小城镇的。

本书在编写过程中,得到了北京农学院院长王有年教授的具体指导,获得了系领导和其他教师的支持,更得益于金盾出版社的领导和编辑同志的无私帮助。同时,参阅了许多同仁的学术成果,在此表示衷心感谢!

本书力求通俗易懂,力争反映城郊农村小城镇建设的实践。编写时间虽然前后持续一年多,但难免有不妥之处,欢迎批评指正。

编著者

于北京农学院

2005 年 12 月

目　录

第一章　城郊小城镇是怎样发展起来的

一般意义上讲，小城镇是指县城以下（含县城）、乡或集镇以上的介于城市和乡村之间的区域，包括了地域范围内的集镇、一般建制镇、特殊建制镇（大型工矿居民点、边境要防、农场居民点等）以及县城驻地。它是把城市和乡村两个不同区域有机联系成为一个整体的纽带，尤其是在新的历史条件下，小城镇已经成为农村经济和社会进步的重要载体，成为带动一定区域农村经济社会发展的中心。

小城镇相对于城市，它地处乡村，是农村经济与城市经济相联系的枢纽点；相对于乡村，又是城市化的区域，是吸引农村和服务农村的政治、经济、科技和文化中心。

具体到城郊小城镇而言，则主要是指距离城市较近、位于城市边缘的小城镇，它比农村地区的小城镇更具有区位优势，接受城市辐射的作用更强。

一、我国城郊小城镇发展的几个阶段

中国是城镇化落后的发展中国家，具有现代意义的城镇行政区的建制制度（即行政区划制度）的产生，仅有 80 余年的历史。1949 年全国设置城市 136 个，城镇人口 5 765 万人，城市化水平为 10.6%。1978 年全国设置城市增加到了 192 个，城镇人口为 1.7 亿人，城镇化水平为 17.92%。在经济快速发展的推动下，2002 年全国设置城市增加到了 662 个，城镇人口超过了 4.8 亿，城镇化水平达到了 38%。改革开放后我国的城镇化进程比前 30 年快了 1 倍以上，城镇化进入一个快速发展时期。从总体上看，我国小城镇的发展经过了以下几个阶段。

(一)恢复与调整阶段(1949～1957年)

新中国成立之初,国家批准在全国设立136个城市,并对旧的城镇体系进行了调整,“镇”作为县辖基层政权建制被确定下来。1954年全国共有镇5400个,翌年6月国务院颁布《关于设置市、镇建制的决定》,对原有小城镇进行了调整,建制镇的个数降至362个。同时,依据计划经济体制的要求,实行统购、统销,对小城镇采取了一系列发展与限制相结合的政策,如1953年实行粮食统购统销后,一些以粮食经营为主的专业小城镇开始衰落,1956年对城镇工商业的社会主义改造,使得小城镇商饮服务业受到较大影响,在一定程度上影响了小城镇的发展。

(二)波动发展阶段(1958～1965年)

1958年我国实行人民公社化,实行“政社合一”体制,撤销了一大批建制镇,加之经济计划体制的加强,使得以工商活动及以集市贸易为主要功能的集镇逐渐萎缩。1965年全国建制镇减少到3146个,比1954年减少2254个。其间由于“三线”建设等人为因素的影响,改变了小城镇的布局。20世纪60年代初在“三线”地区迅速兴起了几百个10万人以下的小城镇,带动了这些地区经济的发展。这一阶段,小城镇发展不仅缓慢,而且还很不稳定。1958～1960年的“大跃进”和人民公社化运动时期,各地迅速出现了大批以冶炼钢铁为中心内容的小城镇,城镇人口迅速增长,由1957年的9949万人上升到1960年的13073万人,3年净增31.4%,城镇化水平一举上升19.7%,但由此产生的一系列问题迫使政府采取措施,以缓解城市人口压力,动员了近3000万城镇人口下乡(约占城市总人口的25.7%),到1965年全国城市人口的比重下降14%。城镇发展大起大落,给国民经济带来了不必要的损失。

(三)衰退阶段(1966～1978年)

1966年开始的“文化大革命”对我国社会经济各项事业的发展带来一场巨大的浩劫，对小城镇的发展也带来灾难性的影响，小城镇建设由于经济和政治的双重影响而处于停滞或衰退状态。一部分2万人以下的小城镇被撤销，大批知识青年上山、下乡，城镇居民下放，致使城镇人口增长十分缓慢，1976年全国城镇人口11 792万人，比1966年仅增长14.5%，年均递增只有1.32%，还低于同期人口自然增长水平(1.75%)。1978年底全国建制镇只有2 800个，比1954年减少了50%，集镇数量由原来的5万余个减少至2万个左右，严重打击了农村工商业的发展。

(四)恢复与稳定发展阶段(1979～1992年)

党的十一届三中全会纠正了以往的错误路线，我国政治、经济与社会发展进入了一个有序发展的新时期，各项事业开始步入正轨。从1979年开始，政府开始把小城镇建设纳入重要议事日程，提出了积极发展小城镇的基本战略，并制定了保证小城镇健康稳定发展的一系列配套政策，大大推动了我国的小城镇建设。1984年国务院批转了民政部《关于调整建制镇的报告》大大降低了设镇标准。同时，由于以乡村工商业为代表的乡村非农产业的发展，我国小城镇进入一个补偿性超常规发展时期。到1992年，我国建制镇发展到14 458个，建制镇人口增加到7 225万人。集镇发展到37 196个，人口达到6 591万人。

(五)快速发展阶段(1993年以后)

这一阶段，中国真正开始迈向市场经济，社会经济环境逐渐宽松，小城镇发展的市场化水平逐渐提高，发展动力进一步增强。1993年10月，建设部召开全国村镇建设工作会议，确定了以小城镇建设为重点的村镇建设工作方针，提出了到20世纪末我国小城镇建设发展目标。1994年9月8日，建设部等6个部委联合颁发了《关于加强小城镇建设的若干意见》。1995年4月，国家体改委、建设部、公安部等11个部委联合下达《小城镇综合改革试点指导意见》，并在全国选择了57个镇作为综合改革试点。1997年6月10日，国务院批转了公安部《小城镇户籍管理制度改革试点方案》和《关于完善农村户籍管理制度意见》的通知，允许已经在小城镇就业、居住并符合一定条件的农村人口在小城镇办理城镇常住户口，以促进农村剩余劳动力就近、有序地向小城镇转移，促进了小城镇和农村的全面发展。1998年10月，中共十五届三中全会通过了《中共中央关于农业和农村工作若干重大问题的决定》，提出“发展小城镇，是带动农村经济和社会发展的一个大战略”，进一步提升了发展小城镇的重要地位。2000年7月，中共中央、国务院发出《关于促进小城镇健康发展的若干意见》，指出加快城镇化进程的时机和条件已经成熟，适时引导小城镇健康发展，应当成为当前和今后较长时期农村改革与发展的一项重要任务。2000年10月，中共中央在关于“十五”规划的建议中提出：“随着农业生产力水平的提高和工业化进程的加快，我国推进城市化条件已渐成熟，要不失时机实施城镇化战略。”为了加快城镇化，2001年5月，国务院批转了公安部《关于推进小城镇户籍管理制度改革的意见》，进一步加大了户籍改革力度。2005年10月11日，中共中央在关于“十一五”规划的建议中指出：“坚持大中小城市和小城镇协调发展，提高城镇综合承载能力，按照循序渐进、节约土地、集约发展、合理布局的原则，积极稳妥地推进城镇化。”目前，小城镇在职能上更趋于多元化，基础设施水平显著提高，在地域布局上也日趋合理，在边疆、内陆地区兴起了一大批各有特色的小城镇，使全国的小城镇体系趋于完善。截止2003年底，我国共有建制镇和集镇4.2万多个，其中建制镇2万多个，集镇2.2万多个，县城以外的小城镇镇区的总人口约 1.91 亿。新中国建立后小城镇数量变化及发展情况见图 1。

二、我国城郊小城镇发展的现实状况

历数我国小城镇的发展阶段，主要呈现出以下特征。

(一)农村建制镇数量多、密度大、镇域范围小

1999 年末，全国建制镇数量已占乡镇总量的 42.9%。密度较高的大都分布在东部沿海发达地区，在建制镇比重超过 50%的 11 个省、自治区、直辖市中，有 9 个在东部发达地区，其中上海 96.1%，广东 91.9%，海南 66.2%，福建 61.5%，山东 60.9%，浙江 55.9%，江苏 55.8%，中西部只有湖北一省为 63.8%。虽然江苏省只有 55.8%，但苏、锡、常地区已达 85%左右。长江三角洲、珠江三角洲、浙东南、环山东半岛、辽东半岛，建制镇密度较高。根据计算，1999 年末，全国(不包括台湾省)平均每个乡镇的国土面积只有 207.7 平方千米，其中东部 12 省、自治区、直辖市平均为 87.7 平方千米，中部 9 省、自治区除内蒙古外，平均为 171.2 平方千米。从建制镇看，尽管目前全国平均每 484 平方千米分布 1 个建制镇，但 1978 年全国平均每 484 平方千米才分布 0.11 个建制镇；从区域看，东部 12 省、自治区、直辖市每 150.3 平方千米，中部除内蒙古外每 281 平方千米范围内就有 1 个建制镇。尤其是建制镇密度较高的广东、江苏、浙江、山东等省，1999 年分别平均每 114.6 平方千米、93.2 平方千米、101.1 平方千米以及 104.2 平方千米的范围内就有 1 个建制镇，同比分别只相当于全国平均水平的 23.7%、19.3%、20.9%、21.5%。根据全国第一次农业普查江苏省资料计算，1996 年末，苏南地区共有 405 个乡镇(不包括城关镇)，占地面积 13 254 平方千米，乡镇平均占地 32.73 平方千米，

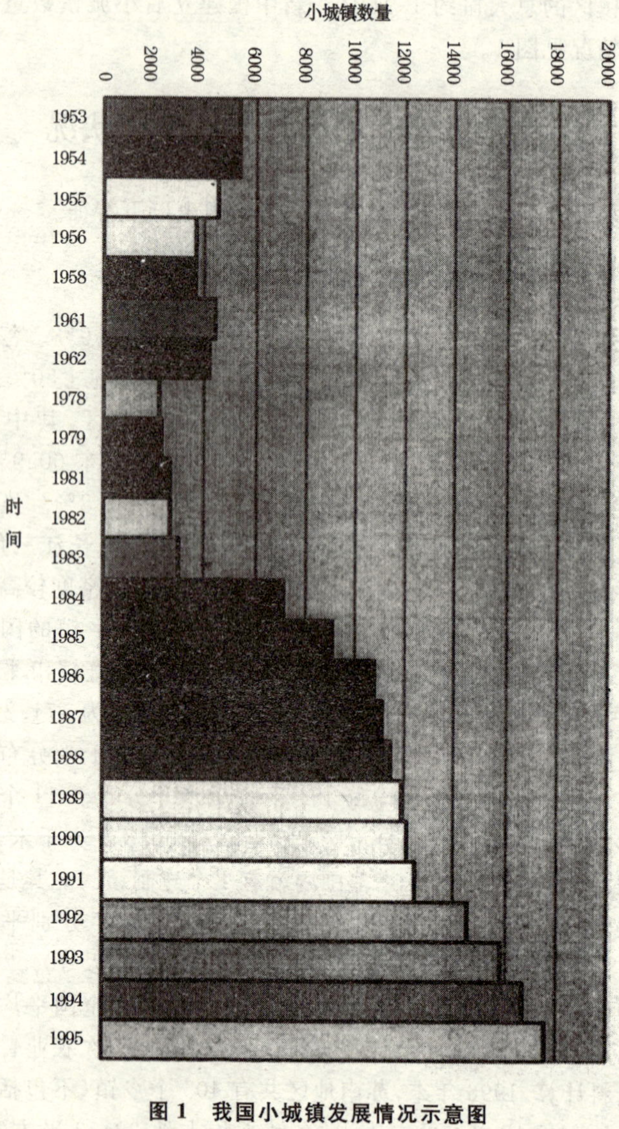

图 1　我国小城镇发展情况示意图

其中建制镇为 322 个，即每 41.2 平方千米范围内就分布 1 个建制镇。

(二)建制镇对乡镇企业的聚集功能较弱，乡镇企业分散布局仍然严重

根据农业普查资料，1996 年末，全国拥有各类非农乡镇企业 139.8 万家，其中分布在县城和大中城市及工矿区的占 5.6%，乡、镇所在地的占 20%，村及村以下的占 74.4%。这说明农村乡镇及建制镇对乡镇企业的聚集功能较弱。以乡镇企业发达和农村建制镇密度较高的江苏、浙江、广东 3 省为例，1996 年末，3 省的乡镇企业总数分别为 132 784 个、135 255 个、138 096 个，其中办在乡镇所在地及其以上城镇工矿区和大中城市的分别为 36 683 个、30 822 个、39 005 个，分别占其乡镇企业总数的 27.6%、22.8%、28.2%，这远低于其建制镇所占比例；而相应地，办在村庄以下的比例分别高达 72.4%、77.2%、71.7%。可见，发达地区的乡镇企业分散状况与全国相比也相差无几。再以乡镇企业区域发展水平和农村建制镇比例差距较大的江苏省为例，1996 年末，苏南、苏中、苏北农村建制镇平均实现的经营总收入分别为 11.9 亿元、3.5 亿元、2.7 亿元，高低相差 9.2 亿元，农村建制镇占乡镇总数的比例分别为 79.5%、47.3%、32.9%，高低相差 46.6%。而上述 3 个地区办在乡镇所在地的乡镇企业比例分别为 26.46%、23.8%、26.34%，办在村及村以下的比例分别为 71.82%、74.21%、70.39%，也几乎没有什么差异。

(三)农村人口城镇化水平低，滞后于农村产业结构的变化和农村工业化水平

城镇数量的增长本身不能代表农村城镇化水平的提高，关键要看农村人口的城镇化水平。全国农业普查表明，1996 年末，全国农村建制镇(不包括县及县级市城关镇)16 126 个,镇区人口在6 000 人以下的占 80.3%,4 000 人以下的占 64.4%,2 000 人以下的占 33.3%,超过 10 000 人的只有 8.4%;即使是东部地区,6 000 人以下的也多达 77.2%,10 000 人以上的也只有 9.6%。全国镇区平均人口 4 519 人,共计 7 287 万人,占同年乡镇总人口的 7.9%;虽然其中非农业人口达 2 072 人,占镇区人口的比重接近 46%,但如果只计算非农业人口占乡镇总人口的比重,建制镇的人口城镇化水平更低,只有 5.8%。就是说,我国县以下 90%以上的人口仍居住在一般乡镇和村以下。即使是发达的苏南地区、珠江三角洲、温州地区,其农村建制镇的镇区人口占农村总人口的比重分别只有 14.2%、20.4%、16.2%,如果再加上大都没有当地城镇户口,流动性较强镇区的外来从业人口,上述比重也分别只有 21.1%、24.6%、21.2%。

而我国农村社会总产值中,一、二、三次产业的产值结构变化较大,由 1978 年的 68.6∶26∶5.4 到 1997 年的 24.4∶62.9∶12.7,农村非农产业产值的比重已由 1978 年的 31.4%上升到 1997 年的 75.6%,上升了 44.2 个百分点;但同期 3 次产业的就业结构由 1978 年的 92.9∶7.1∶7.1 变化为 1997 年的 70.4∶18.1∶11.5,非农就业只上升了 15.4 个百分点;根据统计数据测算,从 1978 年到 1996 年,农村社会总产值的结构变动值为 83.44,而同期劳动力结构的变动值只有 36.98,比前者低 46.46。

(四)农村建制镇镇区人均占地规模大

建制镇镇区人口规模越小,人均占地规模越大,与城市比较更能说明问题。1996 年末,全国 226 个地及地级以上城市土地面积为 13 168 平方千米,人口为 22 472.82 人,人均占地 58.6 平方米。而全国第一次农业普查数据显示,16 126 个非城关镇建制镇,镇区平均占地 2.2 平方千米,即 220 万平方米,平均人口4 518.6人,人均占地 486.9 平方米，相当于国家关于建制镇人均占地标准 100 平方米的近 4.9 倍，相当于同期地级及地级以上城市人均占地的 8.31 倍；其中东、中、西建制镇镇区人均占地分别为 479.7 平方米、512.5 平方米、557.2 平方米，分别相当于国家标准的 4.8 倍、5.1 倍、5.6 倍及同期地级及地级以上城市人均占地的 8.19 倍、8.75 倍、9.5 倍。虽然发达的苏南、珠江三角洲、温州地区建制镇镇区人口规模较大，人均占地也分别达到 446.8 平方米、374.2 平方米、275.1 平方米，分别为国家标准的 4.5 倍、3.7 倍、2.8 倍及同期地级及地级以上城市人均占地的 7.6 倍、6.4 倍、4.7 倍；江苏省农业普查数据显示，1996 年末 926 个非城关镇建制镇中，镇区人口 6 000 人以下的占 76.2%(706 个)，镇区人均占地达 633 平方米，镇区人口 6 000～10 000 人的只占 16.2%(150 个)，镇区人均占地达 349 平方米，镇区人口 1 万人以上的只占 7.6%(70 个)，镇区人均占地为 284 平方米。

举案说明　统筹城乡，建设和谐发展小城镇 ——广东省中山市小榄镇人民政府

广东省中山市小榄镇位于珠江三角洲中部，是东部沿海开发区经济发达型小城镇，具有民营企业多、经济发展快的特点。镇域面积 75.4 平方千米，建城区面积 13 平方千米，户籍人口 15.6 万人，辖 15 个社区居委会。2001 年，被确定为联合国开发计划署“中国小城镇发展政策改革项目试点”。

改革开放前，小榄是个地道的农业小镇，蚕桑、甘蔗、鱼塘、稻田曾是小榄的主要经济支柱。改革开放以来，在党的政策正确指导下，小榄人民抓住机遇，主动承接港、澳、台和广州等大城市对珠三角的辐射，大办工业，促进经济快速持续健康发展，成为了广东省中心镇、中山市工业强镇。2004 年，全镇经济总收入达 300 亿元，地方生产总值 93.2 亿元，税收总额 15.2 亿元，年末各项存款余额133亿元，城镇居民人均年可支配收入2.2万元，农村人均年纯收入1.1万元。三大产业比例为1.2∶65.1∶33.7。

工业的发展促进了经济和社会结构的根本性转变，提高了人民群众的经济收入和生活质量，与此同时，党委、政府并没有忽视城镇与农村的协调发展，多年来，他们顺应“两个趋向”，在统筹城乡，建设和谐发展小城镇方面进行了一系列的探索和实践，取得了明显的成效。

1. 制订城镇发展规划，明确科学发展思路 经济社会发展规划是小城镇有序发展的前提，也是政府行为的依据。2002年，小榄镇聘请专家，按生态城镇和可持续发展的标准，修编了总体规划。2003年12月，中山市人民政府批准了修编后的总体规划，把小榄定位为“中山市北部地区中心镇，全国音响、五金制品生产基地和交易中心，与顺德、江门相邻地域的经济中心。”2004年，小榄镇又研究编制了《中山市小榄镇经济社会协调发展战略》，明确提出了推进农村体制改革与城市化相结合，将提高农民生活质量，解决“三农”问题，改革农村体制推进城乡一体化提到战略发展的高度，并按小榄的实际情况逐步予以实施。

2. 调整政府结构，转变政府职能，提升政府管理效率 为了改善政府管理，小榄镇从政府结构、政府职能和政府管理效率3个方面进行了改革探索。

(1)调整政府结构，理顺管理体制 改变“三级所有，队为基础”的管理体制，实行农村股份合作制基础上的村一级经济核算制度。2003年9月起，小榄镇政府把村小组经济资源合并到经联社(村委会)，实行统一核算，统一规划，统一监管，统一分配。实施村一级经济核算后，每个核算单位的人口从500人提高到1万人，管辖范围从266 800平方米扩大到5 000 000平方米。原来每个村小组有5～7人的理财小组，全镇村务管理人员超1 000人。随着新制度的实施，村小组自然消失，管理结构得到了改善，管理人员大大精简，管理程序得到了规范，每年节约管理费用约 2 000 万元。

改村委会为社区居委会，全面实现城镇化。2004 年，小榄镇实际从事农业生产的只有 7 000 多人，仅占农村劳动力总数的 12.28%，“村办社会”式的社会服务供给难以满足“村民”的需求。2004 年 12 月，小榄镇将 15 个村委会全部改为社区居委会，“村民”改为居民，“村民”原有的福利政策继续享用，居民拥有的福利政策立即享用。

（2）规范财政管理 转变政府职能　严格财政预算与资产管理制度。2002 年，小榄镇成立财政结算中心，对镇属各行政事业单位、镇属公有资产进行集中支付、财务统一核算和监督。随后，又成立了小榄镇资产经营管理公司，加强对集体资产的核算和管理。2003 年，成立了小榄镇政府采购中心，严格实施集中采购和招投标制度，逐步把使用财政性资金的单位纳入政府采购范围，并且已推广到镇属各大公司和社区。2004 年，政府采购项目 319 项，节约资金 4 359.5 万元，资金节约率为 18%。

政府重新定位，服务不断强化。社区实行政企分开，居委会负责管理社区的行政社会事务，股份公司负责集体资产管理和规划发展等经济事务，镇政府负责规范和监督集体资产的管理；改参与、干预企业活动为服务企业发展。政府整合社会资源，成立了生产力促进中心、汉信技术服务中心与五金制品产业技术中心等各种科技中介服务机构，为企业技术创新、产品创新提供服务。2004 年，仅生产力促进中心就举办各种技能培训、新技术演示会等 34 场次，参加人数达 2 369 人。成立了中小企业创新发展信用担保有限公司，为中小企业解决融资问题；成立了小榄镇人才交流市场，为企业提供人才引进、培训及人才资源管理咨询等服务。2004 年，为企业成功推介就业约 38 000 多人次，促成了本地富余劳动力 3 485 人成功就业。

（3）整合部门信息系统 提高政府管理效率　2002 年，小榄镇聘请了信息管理系统方面的国内外专家，就小城镇信息管理系统进行调研，小榄镇为调研点之一。在专家建议的基础上，小榄镇整合了有关职能部门自主开发的应用管理系统软件，完善了镇政府机关的局域网建设，建立了镇政府管理信息系统。该系统的建立既促进了政府各部门间的信息共享，又为政府服务居民、服务企业提供了便捷的方式；既提高了政府工作透明度，又提高了政府管理效率。

3. 坚持以人为本，促进社会和谐发展 经济的飞速发展，提高了经济收入，改善了生活质量。为了构建"无人不饱暖，无处不安康"的和谐社会，开展了一系列工作，并收到了明显的效果。

(1)*结合当地发展水平，改善弱势人群生活状况* 小榄镇政府出台了一系列政策措施，确保了低保户、五保户和城镇"三无"人员的基本生活。把最低生活标准由中山市规定的农村每人每月250元、城镇每人每月300元，统一提高到350元；对因病致困、因病致贫的低保家庭实行医疗救助；实施了贷款助学计划，资助困难家庭子女就读，确保其完成学业；帮助人均居住面积低于15平方米的双困户解决了住房问题；开展了以临界于低保线困难家庭为对象的结对助困帮扶活动。由机关企事业单位党员干部带头，发动全镇先富起来的群众与全镇临界于低保线200户困难家庭进行了帮思想、帮就业、帮读书、帮医疗、帮生活、帮住房的结对帮扶活动。

(2)*关注青少年教育，维护妇女权益* 小榄镇注重做好曾经吸毒人员、刑满释放人员、行为偏差人员、辍学青少年等四种人的教育转化工作。为解除戒毒人员和刑满释放人员安排适当的工作，并派专人做好生活和思想动向的跟踪，使其尽快重新融入社会、走向新生活。热情和耐心地做好行为偏差人员的思想教育工作，使他们转变对社会的看法、转变人生观。发挥各级干部、学校、家庭和社会的作用，帮助辍学青少年解决学习上遇到的各种困难和问题，使他们返回学校，完成学业。对确实没有可能重回学校的青少年，则通过各种培训使他们掌握必要的工作技能，并帮助其找到合适的工作，成为对社会有用的人才。至目前，社区教育就业办帮助“四种人”转化就业 808 人，行为偏差人员思想稳定的 25 人，辍学青少年复学的 85 人，目前尚有“四种人”121 人需继续做帮教工作。

小榄镇还在 15 个社区分别成立了妇女维权服务站，妇女在生活和工作中遇到问题，都可以到妇女维权服务站寻求法律援助，从而促进家庭安定和社会稳定。

(3)实施“三个一”民心工程，让每一个小榄人“劳有工作，病有所医，老有所养”

第一，让每个小榄人都有一份工作。镇政府成立了“帮助本镇群众就业办公室”，调配政府资源，免费为本地群众推荐就业；对于有就业意愿但因个人身体残疾或其他客观条件而未能就业的群众，政府实施“以酬代补”方案，鼓励各社区和集体企事业单位安排这类人员就业，用人单位实行按劳付酬，低于规定的最低工资线部分，则由政府按实际补足；对于只能以农为生的农民，政府通过合理统筹，规划适当的耕地以非投包方式安排给这些人耕作，以保证他们在社会转型期顺利就业；设立创业贷款，对自主创业、缺乏创业资金的富余劳动力和失业人员，由担保公司协助贷款；开展多种形式的就业培训，帮助富余劳动力掌握一定技能；制订了《小榄镇城乡劳动者职业培训就业安置补贴实施办法》，对农村富余劳动力培训实行补贴，提高其参加培训的积极性。

第二，让每一个小榄人都有一份医疗保障。小榄镇从 1996 年开始推行农村合作医疗，到 2003 年底，农村合作医疗覆盖率达 98%以上，基本解决了农民的住院治病问题。但因合作医疗制度没有在城镇居民中推行，个别居民仍可能出现因病致贫现象，在城镇居民中普及医保的重要性非常明显。为此，2004 年，镇党委、政府在全镇范围内推行合作医疗，试行 1 年，受到群众的欢迎。2005 年，党委政府决定进一步扩大合作医疗覆盖面，让每一个小榄人都有一份医疗保障，并且提高了合作医疗的住院报销比例，在本镇内医院住院的，每次报销标准为：药费报销80%，不封顶；手术费报销80%，不封顶等。检验费、治疗费、护理费等有关费用报销标准也比去年有所提高。今年至现在，全镇合作医疗报销10 262人次，报销金额1 677.6万元。合作医疗参加率由86.1%上升到92.6%，其中农民参保率达99.8%。

第三，让每一个小榄人都有一份社会保障。党委政府提出让全镇人民都有一份社保（养老保险）的构想，并制定了"三步走"计划：第一步：确保在企业里工作的小榄籍人全部有社保（养老保险）；第二步，确保达到年龄的社区居民全部有社保；第三步，帮助达到年龄的社会闲散人员购买社保。

（4）同心协力，齐抓共管，建设安全小榄镇　建设富裕、文明、美丽、和谐的小榄镇，需要有稳定安全的社会环境作保障。因此，我们以人民根本利益为出发点，认真抓好食品安全和流动人员及出租屋管理工作，建设安全小榄镇。

健全食品安全监督管理体制，明确食品安全综合监管责任和部门，动员全镇人民积极参与，形成党委政府统一领导，社区人员共同负责，职能部门指导协调，社会各方联合行动的食品安全工作机制，实现"源头、生产、流通、消费"四个环节的食品安全卫生质量的全程监控，最大限度地预防、减轻和消除食品安全危害和风险，防止重大食品安全事故的发生。

把加强流动人员及出租屋的管理工作当作当前社会治安综合治理的头等大事，成立相应的领导机构，配备专门的领导和工作人员，制定了相关的规章制度，并对各有关部门的职责作了明确的分工，努力使外来人员及出租屋的管理更加有序，服务更加到位，使违法犯罪分子无法藏匿，安全、卫生达到标准，真正在小榄工作的流动人员得到全面的保障。

（资料来源：国家发改委小城镇改革发展中心网站，2005.1.25）

第二章　城郊小城镇的发展各具特色

20世纪80年代中期以来，我国的小城镇无论在量上还是在质上都获得突飞猛进的发展。从全国范围看，各地由于在基础条件、起步方式、资源条件及文化传统等各方面的不同，从而使小城镇的发展呈现出各不相同的类型。

一、传统集镇型

传统集镇型小城镇大多处于传统商品集散地和集市贸易区，是由传统的商品集散地发展起来的。利用本地商品资源丰富的优势，通过改善市场基础设施，拓宽市场交易范围，增大市场容量，逐步发展以商品流通为主的区域性小商城或专业批发市场，从而发展成为小城镇。

二、工业基地型

工业基地型小城镇是以乡镇工业发展为动力，主要是在20世纪80年代中期以后发展起来的。这种类型小城镇在我国小城镇总量中占有相当大比重。随着农村经济体制改革第一阶段的完成，农村经济得到了巨大发展，经济总量发生了显著变化，资金要素和劳动力要素都出现了剩余，诱发了农村工业的蓬勃发展。工业化发展到一定程度后，集聚了大批劳动力和其他要素，推动着小城镇规模的扩大，从而推动着农村城镇化和城乡一体化进程。由于乡镇工业在某种程度上正是城市大工业在农村地区的扩散或延伸，因而二者具有极强的同构性。据有关学者测算，乡镇工业与城市大工业的同构性高达80.6%，而与农业的联系十分微弱。根据《中国乡镇企业年鉴》公布的数据，1981年，乡镇工业中以农副产品为原料的轻工业所占比重为28.1%，1990年上升到32.27%，1996年又下降到27.57%，至今也没有超过30%。

当然，随着近年来乡镇企业发展宏观环境的趋紧，以及农业产业化的深化，乡镇工业与农业的联系也不断紧密化。山东等地的经验证明，乡镇企业已经成为农业产业化龙头企业的主力军。以粮食产业化为特色的河南省漯河市现有各类农副产品加工企业6 600多家，固定资产54亿元，从业人员68 530人，年产值148亿元，形成粮食加工、肉类、糕点、酒类、饲料、方便食品等共60多个系列，其中，相当多数为农村集体经济组织或农民自办的乡镇企业。以工业立镇的小城镇很多，并且经济实力都比较强。

举案说明一　工业基地型小城镇——山东省淄博市王村镇

该镇位于济南、滨州、淄博三市交界处，总面积31.8平方千米，总人口4.17万人，是1个相对独立的自然地理单元。该镇的交通十分发达，309国道、胶王公路、昆王公路、王维公路和胶济铁路均从镇区穿过，镇内建有长途汽车站、市内公共汽车站和火车站。王村自古集市发达、商贾云集，是颇具规模的商业走廊，地方特产食醋远近闻名。镇域地下矿藏资源丰富，焦宝石、粘土、煤等矿产资源在省内具有重要位置，是山东省最大的耐火材料基地。改革开放20年来，王村镇的乡镇工业得到了很大发展，已形成耐火材料、机械制造、电子、食品酿造、建材等支柱产业，并呈现出良好的发展势头。1997年全镇实现国民生产总值10.8亿元，销售收入8.6亿元，利税6 800万元，财政收入680.5万元，农民人均纯收入3 253元，连续4年农民负担为零。乡镇工业的迅猛发展，大大推动了小城镇建设。

王村镇抓住工业化和小城镇建设互动这一基本规律，以国家级小城镇综合改革试点为契机，对乡镇企业产权制度进行改革，逐步建立现代企业制度，以制度创新保证乡镇企业的高速、稳定和持续增长。具体做法是：按照“产权明晰、责权分明、政企分开、科学管理”的现代企业制度的要求，在镇村企业中逐步推进股份合作制改革。一是以明晰产权为核心，以转换企业经营机制为目的，对镇村股份合作制企业的股权结构进行调整，对净资产多效益好的企业一般保留10%的集体股，其余净资产全部由企业内部职工以现金形式购股；二是对小型微利企业采取一次性出售或公开拍卖的方法，改造成内部职工持股的股份合作制企业；三是对亏损严重、资不抵债的企业采取拍卖、租赁兼并、零资产转让等方式，改造为私营企业，最大限度地盘活存量资产；四是对市场前景好、规模大的龙头骨干企业，改造组建为跨所有制、跨行业、跨地区的股份企业公司。在改造过程中，积极鼓励企业决策层、经营管理层持大股，且在持股比例上不定上限，充分调动企业决策管理层的积极性，遏制了企业职工持股比例上的新的“大锅饭”；五是按照政企分开、两权分离的要求，适时将产权出售资金纳入资产经营公司管理经营，创办了代表全镇人民权益并独立经营运作的农民自己的经济组织——王村镇集体资产经营公司，该公司是经工商管理部门注册，以盈利为目的，独立核算、自主经营、自负盈亏的独立法人财产主体。王村镇乡镇企业产权制度改革的成功探索，为企业发展注入了新的动力，也极大地促进了小城镇的建设和发展。

（资料来源：严瑞珍等．粮食主产区的农业产业化——深化农村经济发展的实证分析．北京：中国农业出版社，1999）

举案说明二　农村工业化的实践创造了闻名全国的“横店模式”——浙江省横店镇

走出土地，打破单一的农业经济，是横店镇农村城镇化的第一步。1975年,横店镇创办了第一家企业,当时仅仅是一个作坊式的缫丝厂。进入20世纪80年代以后,横店迎来了乡镇企业发展的黄金季节,一批又一批企业冲出山村,在全省、全国甚至全世界叫响。进入20世纪90年代,国家级的横店集团成立。到目前,该集团已经拥有紧密型企业200多家,半紧密型企业800多家,成为全国5家特大型乡镇企业之一。工业化打破了单一的农业经济格局,一、二、三产业全面发展。进入20世纪90年代中期以来,第三产业的发展更加迅速,三大产业的比例从1995年的1∶13.4∶2发展到1999年的1∶58.4∶11.4,一大批农村剩余劳动力成为工厂里的工人和第三产业的服务人员。目前,全镇65%的劳动力务工,25%的劳动力从事第三产业,只有10%的劳动力继续从事现代化水平不断提高的农业生产,从事农业生产的劳动力比例达到了发达国家水平。

工业化为城镇化在人口和产业方面作了充足的准备,集团经济实力的增强,也为城镇化奠定了坚实的物质基础。反过来,城镇基础设施建设和精神文明建设又为工业化不断跃上新水平提供了保障。在企业和政府的共同努力下,一批城镇基础设施和文化建设工程陆续建成。20年来,横店镇直接投入基础设施建设的资金近20亿元,使该镇的硬件基本具备了一个小城市的基础和框架。按照国务院批准的《浙江省城镇体系规划》,到2010年,横店镇要发展成为城区人口达到10万人以上的小城市。

[资料来源:刘志江、许保健.农民要圆城市梦——浙江省横店镇的城市化之路(上)、(中)、(下).经济日报,2000.4.10,2000.4.12,2000.4.13

许保健.农民进工厂,农村变城市——浙江省横店镇的城市化之路(中).经济日报,2000.4.12

许保健.持续发展关乎未来——浙江省横店镇的城市化之路(下).经济日报,2000.4.13]

三、市场带动型

近年来,相当数量小城镇的兴起在很大程度上取决于商品流通的辐射范围。以名、优、特商品资源为背景的专业市场汇集了大量信息,加强了城乡沟通,繁荣了农村经济,在此基础上形成和扩大的小城镇对商品流通有了更高层次的需求,从而获得了规模效益与科技、信息、资金、服务、基础设施等配套支持。

借助这一优势,通过改善市场基础设施,拓展市场交易范围,增大市场容量,吸引外来经商人员,逐步发展为以商业为主导的区域性小商城。但人口和其他资源集聚到一定程度后,这类小城镇的产业结构也会发生变化,以主打商品为主的加工业所占比重将呈上升趋势,市场和加工业互相促进,使这类小城镇的产业结构不断趋向合理,小城镇建设的水平也不断上升。

由此可见,“小商品、大市场,小城镇、大战略”是推进城镇化进程,振兴小城镇的一种可行思路。为此,要拓展专业市场,建设要素市场,扩大市场规模,同时树立市场形象,建设名牌市场,以吸引外资和各地产品大量涌入,加强竞争力,用高新技术改造市场营销方式,使“有形市场无形化”,摆脱现有市场受区位、土地、时间等许多不利因素限制的局面,促进市场升级,还要通过建立现代企业制度,走集团化、规模化道路,大力发展商贸服务企业,使之成为该地区经济发展的支柱。如绍兴市的柯桥镇为全国著名的纺织品集散交汇中心,张家港的庙桥镇为全国毛线衣集散地与贸易市场,湖州市的南浔镇为苏浙边境地区最大的家具市场,河北省沧州市的泊头镇成为华北地区的钢材、木材交易市场,广东的顺德、中山等一些小城镇成为全国有名的家用电器生产与贸易中心,也是全国有名的饼干、糖果生产中心。

举案说明　纽扣之都——浙江省永嘉县桥头镇

浙江省永嘉县桥头镇位于温州西部，是永嘉西部经济重镇。全镇总面积90.6平方千米，辖57个行政村，2个居委会，总人口8万余人(其中外来、外出人口各2万人)。改革开放以来，桥头镇在全国率先创办了纽扣市场，促进了社会经济的发展，引起了国内外的普遍关注，被誉为“东方的布鲁塞尔”、“世界东方第一大纽扣市场”和“纽扣之都”。

纽扣产业群的崛起和发展，驱动了各行各业的蓬勃发展，使得桥头镇成为全国最大的服装辅料产销基地，并因此带动周边乡镇共同富裕，形成了以桥头为中心、辐射青田县的温溪、藤桥，永嘉县桥下镇的“温州西部经济区”，是温州市30经济强镇、浙江省小城镇综合改革试点镇和中国最佳投资环境百强镇。

支撑桥头市场的是纽扣、拉链和钟表3大产业。桥头纽扣市场兴建于1986年，共有经营面积7 779.5平方米，1 698个摊位，经营种类以纽扣为主，兼营各种小商品，从业人员达3 200人，其中专营纽扣的有850个摊位，纽扣按原料分为12大类，按品种分有10 000多种，主要汇集了本地和全国各地700多家纽扣厂家的产品，最多每天上市交易的客商达10 000多人次，1996年平均日成交额达到70万元，年成交额逾25亿元。纽扣作为桥头的支柱产业，产品远销全国各省、市、自治区以及欧、美、东南亚各国和地区。

第一，辐射力强。桥头纽扣市场形成了从内向外不断推进的3大营销网络：即以纽扣交易大楼和商贸城为中心的“第一市场”，这是桥头纽扣市场的大本营，1997年成交额超过26亿元；12 000多人的商贸大军在全国200多个大中城市承包7 000多个商场或柜台经销批零的“第二市场”，是纽扣市场的主战场，2004年成交额达60多亿元，使桥头纽扣的市场销量占全国总销量的85%，在全国占有绝对的垄断地位；以王永铮在美国设立的康乐公司为代表的营销网点遍布欧、美、东南亚等20多个国家和地区的“第三市场”，是开拓国际市场的远征军。

第二，产销结合紧。桥头纽扣市场的发展可以形象地概括为“从一点发展到两点再发展到三点”：即纽扣市场一开始，主要是以流通型的集贸市场为主，后来逐步发展到前店后厂“两点式”家庭作坊式经营，而今则已经发展成为“三位一体”的经营格局：在工业小区有生产厂家，在纽扣市场有摊位，在外则有经销商场或柜台，从而形成了产、供、销一条龙的经营格局，稳保纽扣和拉链的生产量和销售量在全国占有垄断地位。

第三，产业专业化。桥头市场以纽扣生产为主，带动拉链、钟表、服装、鞋革、建材等其他行业的全面发展。目前，桥头仅纽扣企业就达到750多家，拉链企业也达到200多家，从而使桥头市场定位在以服装辅料为主的多业经营上，做好“小”字文章，以专取胜。

第四，经营服务优。桥头纽扣市场经营10多年来，长盛不衰的一个主要原因是坚持“薄利多销”的原则，一粒纽扣的利润一般只有几厘几毫，但是桥头商人从不厌弃，他们注重的是生产和销售总量。

目前，桥头镇以小城镇综合改革为契机，在产业经济发展导向上，将使桥头由原来的商贸型经济逐步向工贸结合、内强工业基地、外拓国际市场的工贸型经济转变。桥头纽扣市场正呈现出产业专业化、生产集团化、产品高档化、市场国际化等4大发展态势。

[资料来源：桥头镇政府提供．永嘉县桥头镇综合改革实施方案(打印稿)，1998]

四、外向推动型

外向推动型小城镇具有地缘优势，或毗邻经济中心，或地处沿海、沿江、沿边区，易于利用外部市场引进技术发展加工贸易，从而带动小城镇的发展。我国东南沿海地区特别是广东、福建沿海地区就毗邻港、澳地区，是著名的侨乡。改革开放后，当地农民利用侨资和外资发展外向型经济，带动一批城镇的兴起和繁荣。例如，福建石狮市曾是晋江的一个镇，它依靠自身和附近几个乡的侨资建起服装加工厂，建立了全国闻名的服装市场，一跃成为近100万人口的小城市。

五、农业产业化推动型

农业产业化推动型小城镇建设的关键是龙头企业和市场建设。农业产业化中的龙头企业及相关的生产经营企业向小城镇集中，推动了小城镇的发展。在生产力水平较高的传统农业区，大多依托镇域内较好的农业自然资源基础、悠久的农耕文明历史、丰富的农副产品等优势，大力发展这一模式。

这类模式有工农业协调发展的特征，以发展商品性农业为基础，以市场适销对路的骨干产品为龙头，外联市场，内联生产，发展农业产业化经营，使生产、加工、销售有机结合，带动以农业产业化龙头企业为天然载体和依托的小城镇的发展。

六、旅游带动型

由于社会发展速度的加快，人们工作压力的增大，旅游成为人们放松精神、缓解工作压力的一种普遍方式，因此，各地纷纷加大旅游资源的开发来发展当地经济。旅游带动型小城镇发展模式主要根据当地丰富的自然或人文等旅游资源，依靠旅游业的连锁效应，带动当地住宿、餐饮等一系列服务行业的繁荣，增加就业岗位，拉动周边地区人口的聚集，促进小城镇规模的不断扩大。

据专家测算，旅游业每直接增加1个就业人员，社会就能增加

5 个就业机会，旅游收入每年增加 1 个单位，当地 GDP 会相应增加 4 个单位。为此，要注重旅游开发管理和城镇行政管理整合，发挥旅游业对地方经济的带动作用，发展旅游观光农业，开发观赏型、品尝型、参与体验型农业，全力配合旅游业的开发和建设，同时，要立足长远利益和社会效益，合理开发原有旅游资源，促进旅游业的繁荣。

举案说明　山东省烟台市牟平区养马岛镇——旅游带动型小城镇

养马岛镇位于牟平区城北 9 千米处，四面环海，总面积 10 平方千米，常住人口 8 700 人，1995 年全岛农业人口全部转为非农业人口，城镇化率达到 100%。这里地理条件优越，气候宜人，是天然的旅游、度假胜地。1995 年被批准为省级旅游度假区，同年又被确定为国家级小城镇建设试点镇。该镇在建设上坚持基础设施、旅游设施、市场建设、综合开发同步发展。镇政府自筹资金，先后开通了一环路、兴岛路、后海路 3 条东西主干道和 7 条南北主干道，全长达 30 千米，硬化面积达 18 万平方米。镇属 8 个行政村的主要街道也全部硬化，面积达 2.5 万平方米。为了解决岛上用水，镇政府先后埋设了一条 30 厘米和一条 40 厘米的给水管道，满足了全岛的生产、生活用水需要。岛上还建成 8 300 千伏的变电站和 3 000 门的交换机。埋设地下供热管道 3 000 余米，集中对各宾馆供热。安装路灯 200 余盏，照明里程达 10 余千米。

在旅游设施建设上，全岛已有 34 家国家机关和大型企业在岛上建起了宾馆和休养所，总床位达 2 700 个。并建有赛马场、西游记宫、锦绣城、海水浴场、海上世界等 7 个大、中型游乐设施。为配合旅游，镇政府还建起了一座占地 2 公顷的商贸城和一条海鲜市场街，建筑面积达 6 000 余平方米。

按照“绿荫成片，土不见天，三季有花，四季常青”的目标，动员全镇人民，持之以恒地开展绿化美化活动，截止1998年3月，全岛植树造林426.7公顷，四旁植树10余万棵，主要街道两旁植树4.8万棵，栽植绿篱1.2万米，并建有占地0.6公顷的前岛公园和占地0.3公顷的马埠崖公园以及绿地面积达3 000平方米的白马广场。

[资料来源：养马岛镇人民政府提供．牟平区养马岛镇小城镇建设简介(打印稿).1998]

七、交通引导型

交通便捷的地区在一定程度上是一定范围内的物流、人流的中转站，信息相对灵通，可以此为依托，将其发展为交通型小城镇，即利用方便的运输条件发展起经济实体，形成强化的经济空间，使物流在此增值，信息流在此汇聚，人流在此居住、生产和消费，进而带动经济增长。为此，要充分利用交通枢纽优势，发展人流、物流、资金流、信息流聚散的服务业，视其各自不同的特点，宜农则农、宜工则工、宜商则商，对有条件逐步发展为现代小城镇的中心镇进行重点扶持。

八、城市辐射型

随着大城市人口的不断增长和经济活动集中程度的日益提高，城市中心区环境、交通、住宅、企业、用地等均处于相对饱和状态，城市各种要素急需外移，由此带动城市周围农村地域经济的发展和社会的进步。随着大城市这种带动作用的不断扩大，逐渐形成以中心城市为核心的中小城镇、卫星城镇群。珠江三角洲、闽南三角洲出现的“半小时经济圈”，就是城市辐射型的典范。因距离适中，可以依托城市中心辐射形成灵敏网络，以最低的成本、最大的收益，来接受中心城市的科技和经济支援，促进本区的产业扩张和经济增长。

举案说明　河北省石家庄市郊区南高营镇

南高营镇从其区位和发展特点来看，它既是交通引导型，又是城市辐射型的典型城镇。

南高营镇位于河北省石家庄市东北部，西临京广铁路，东靠京深高速公路，交通便利，地理位置优越。全镇共辖10个行政村，总面积40平方千米，耕地900公顷，总人口23 973人。拥有乡办村办集体企业113家，固定资产5亿多元。初步形成了医药、化工、汽车制造、轻工、商饮等5大主导行业及2个产值超过12亿元的工业小区。1997年，全镇实现社会总产值42.2亿元，国民生产总值12.9亿元，利税4.8亿元，财政收入3 820.5万元，农民人均纯收入4 630元。自1995年起，连年被评为河北省10强小城镇之首。是河北省小城镇改革试点镇和建设部小城镇建设试点镇。

自1989年建镇以后，尤其是被建设部和河北省列为小城镇综合改革试点镇以后，该镇牢牢把握机遇，用足各项优惠政策，充分发挥区位优势，大力推进小城镇改革和建设，使全镇经济、社会都得到了长足发展，现已形成具有典型北方内地城郊特色的“工业带动、镇区组团式”小城镇模式。其主要特点如下。

第一，以医药、汽车制造为主导的现代乡镇已经成为小城镇发展的重要经济支柱。近几年来，该镇充分发挥了省会城市的近郊优势，内引外联，初步形成了以医药、汽车制造行业为龙头，以化工、轻工、商饮为辅的5大规模行业及2个工业小区。1997年，全镇乡镇集体企业113家，实现总收入29.2亿元，利税4 757万元。其中乡镇工业总收入20.4亿元，占全镇经济总量的53%；医药、汽车两大龙头工业总收入11亿元，占全镇经济总量的37%。分布于镇东部和西部的南高营、柳辛庄2个工业小区初具规模，年产值均在12.5亿元以上，共吸引入区企业69家，年产值亿元以上企业5家，年产值3亿元以上企业2家。吸引外资工作也初见成效，小区内共有三资企业16家，共吸引外资688.39万美元，1997年实现外贸交货值2.1亿元。产权制度改革也开始在全镇推行，全镇10个村已有4个村整体改组为企业集团，其中，高营、荣昌为国家级企业集团，桃园、西古城为市级企业集团。

第二，以“一优双高”农副产品为主导的现代农业产业化格局地位进一步巩固。近年来，南高营镇坚持服务城市、繁荣农村、富裕农民的原则，积极发展城郊型特色农业，狠抓农业结构调整，加大对精品农业、创汇农业、节水农业等重点项目的投入，建成了500公顷的商品菜基地，形成产前、产中、产后一条龙的生产销售服务体系。更新改造了老果园，开发新果园，建成了以红富士、新红星等新品种为主的400公顷优质果园。畜牧业已经形成规模化养殖，南高营村投资1 300万元建设10万头规模的养猪基地，柳辛庄投资1 000万元建成存栏5万只的肉鸡场，并已经形成了饲养、屠宰、加工、贮藏和销售一条龙的产业化经营框架。特种养殖异军突起，东、西古城共投资450万元建成村塘7万只的甲鱼场；北高营村投资400万元建起特种养殖场，饲养鸵鸟40只、彩狐400只。高新技术在农业上的应用也取得了显著成效。种猪场现代化饲养技术及三元杂交瘦肉型种猪繁育技术、现代化玉米深加工技术、脱毒马铃薯生产技术等高新技术的应用，把农业经济效益提高到一个新的水平。与农业生产相配套的综合服务设施进一步完善，镇内先后建起两座冷库，可冷藏果品3 000吨，肉类冷冻贮藏1 000吨。还建起了柳辛庄蔬菜批发市场，桃园、五七路两个菜市场。前进村以周边县市果品基地为依托，组建了80多个果品运销队，形成了吸引周边县市区生产、贮藏、运输、销售的果品产业化经营网络，每年销往广州、武汉等南方城市的果品达3 000吨。

第三，第三产业、市场建设已成为小城镇新的增长点。按照

"城中建商厦、城郊办市场、沿路搞开发"的思路,大力发展第三产业,并由低层次商业群体转向高层次的综合商厦。1998 年新建桃园大厦,集商饮、娱乐、服务为一体,总建筑面积 1.5 万平方米。还投资 5 716 万元发展沿路商业网点和零售商业群,沿路地段建成商业走廊。1997 年第三产业实现总收入 69 930 万元,占全镇经济总量的 18%。

第四,以养老保险、大病统筹、最低生活保障线为主的社会基本保障体系已经形成。从 1992 年起,先后建立了养老保险、大病统筹和最低生活保障线 3 项社会保障制度,现全镇农村养老保险投保人数 8 679 人,占应投保人数的 36.2%,共收保险费 65 万元。现已开始支付养老保险金者累计 120 人,累计发放养老金 25 600 元。21 824 人参加了大病统筹医疗保障制度,大病统筹率达到 86%以上,共统筹大病保险金 31 万元。最低生活保障线 1997 年建立,对低于城镇最低生活保障线的居民给予了一定数额的资金及物质补助。

第五,小城镇建设水平初步提高。随着经济发展水平的增强,社会各项事业和人民生活水平都有了较大提高,小城镇建设也有了突破性进展。按照镇区总体规划,近几年已投资 2 亿多元,初步建成柳辛庄、西古城、桃园、南高营、案庄等 6 个村民住宅小区。其中,多层住宅楼 61 栋,建筑面积 244 800 平方米,入住人口 7 160 人,占总人口的 1/5 以上;二层住宅楼 1 392 栋,建筑面积 212 380 平方米,入住人口 6 710 人,接近总人口的 1/5。基础设施不断完善,全镇共建成高标准混凝土路 36 730 平方米,镇内 26 条道路全部硬化;共建水塔 13 座,自来水全部入户;4 个村污水排放与市区并网,5 个村实现集中供热和煤气进村;有线电视覆盖率达到 60%,居民住宅电话普及率达到 60%,绿化面积占总面积的 34%。文教卫生社会事业得到进一步巩固和发展,全镇拥有中学 2 所,小学 9 所,幼儿园 9 所,适龄儿童入学率达到 100%,近年来在文教事业上共投入 62 万元,大大改善了教学环境；全镇共有卫生院 1 家，卫生室 10 家，敬老院 1 家。通过高标准建设、高效能管理，南高营镇已初步建成环境优美、功能齐全、居住方便、管理有序的现代化小城镇。

［资料来源：石家庄市郊区城郊综合改革试验区．积极推进小城镇户籍制度改革，加快城郊城市化进程——河北省石家庄市郊区南高营镇小城镇户籍制度改革调查（打印稿）．1998］

第三章　城郊小城镇发展的动力是什么

城郊小城镇发展是城郊农村社会不断进步的重要标志，也是一种社会经济变化的过程，是城镇经济、文化、生活方式、价值观念向乡村扩散辐射的过程，是经济、政治、社会、文化等多种动力共同作用的结果。

一、城郊小城镇发展的产业动力

城郊小城镇发展首先在农业分工完善、农村经济发达的地区兴盛起来，并建立在农业生产力发展到一定程度的基础之上。农业是小城镇发展的基础动力和原始动力。

(一)城郊农业是城郊小城镇发展的原始动力

城郊农业为小城镇的发展提供资金和劳动力要素的支持。城郊农业发展到一定程度后，农业劳动生产率大幅度提高，就会为城郊非农产业和小城镇发展提供剩余资金，并转移出部分农业剩余劳动力。农业对城郊小城镇发展的促进作用有如下主要表现。

1. 城郊农业发展为小城镇建设提供资金积累　城郊小城镇以农业发展作为其工业资金的基本来源，通过工业与农业的不等价交换(即工农产品价格剪刀差)，农业为小城镇发展输送大量资金。同时，农村居民储蓄也不断流入城郊小城镇及其工业，为小城镇发展做出了重要贡献。因此，在城郊小城镇发展过程中，其农业为小城镇建设提供了部分资金积累。

2. 城郊农业发展为城郊小城镇建设提供劳动力　城郊小城镇的发展，势必导致大量农业人口向城镇非农业人口转化，并向小城镇聚集。农业发展,农业劳动生产率提高,农村释放出了大量农业“剩余劳动力”和剩余劳动时间,为小城镇建设提供大量劳动力,满足城镇工业与第三产业发展对劳动力的需求。

3. 城郊农业发展为小城镇提供商品粮及其他生活资料的供给 首先,城郊农业能提供一定量的商品粮,满足小城镇居民的消费需求和部分小城镇工业原料的需求。商品粮越多,对小城镇的工业发展和城镇化也有较大的促进作用。粮食商品率的提高和商品粮供给总量的增加,是农村小城镇建设水平不断提高的重要动力。其次,城郊农业发展,为城镇居民提供生活资料,也满足了城市居民对生活资料的需求,如粮食、蔬菜及其他副食品等。

4. 城郊农业发展为小城镇工业生产提供原料 农业发展为城郊小城镇工业生产提供所需要的原料,如棉、麻、羊毛、牛皮、烟草、木材等,都是由城郊农业来提供的。离开了农业的支持,城郊小城镇将无法生存,更谈不上小城镇的建设与发展。

5. 城郊农业发展为小城镇工业提供广阔的市场 农业、农村是城市工业和小城镇工业的大市场。一方面,这些工业为农村提供生活消费资料,广大农民是城镇工业生产的基本消费者;另一方面,城镇工业为农业提供各种生产资料,如各类运输工具、机器、化肥、农药、建筑材料等。所以说,广大农村是城市发展的腹地。

(二)城郊工业发展是小城镇发展的根本动力

乡镇企业的迅速发展和农村非农产业就业人数的增加,以及由此带来的农民人均收入和社区收入的增长,是城郊小城镇发展的最直接的动力。农村工业化之所以能带动城镇化发展,主要是由于工业化所具有的几个特殊的经济本性:规模经济原则、初始利益棘轮效应原则和循环累积因果关系原则。

1. 规模经济原则 建立新工厂,需建设一整套基础设施,如道路、供电、给水、排污等。如果多个企业集中起来,则上述基础设施建设费用有相当一部分就可通过多个企业共同分担而大大降低。此外，同类企业集中在一起，还有可能形成一定规模的产品市场，从而降低销售费用。这就促使乡镇企业向某个农村区域的中心集中，促进农村小城镇的发育和发展。

2. 初始利益棘轮效应原则　“棘轮”是一种机械传动装置，其特点是只能朝一个方向转动而不能逆行。这一原理是指，在一个城镇中，各个分散的决策者对未来所做的决策，是以该城镇目前能提供的各种条件为基础。因此，经济实力雄厚、非农产业发达、基础设施齐全的城镇，就会为其进一步扩张提供良好的基础，促进城镇规模扩大。

3. 循环累积因果关系原则　非农产业的增长和城镇发展是一个相互联系的过程，每一发展阶段都依赖于前一发展阶段，具体作用关系见图 2 所示。在这一循环中，城镇发展的动力互为因果，它不仅具有累积效应，且常常带来加速度，从而使小城镇和非农产业的发展互相促进。

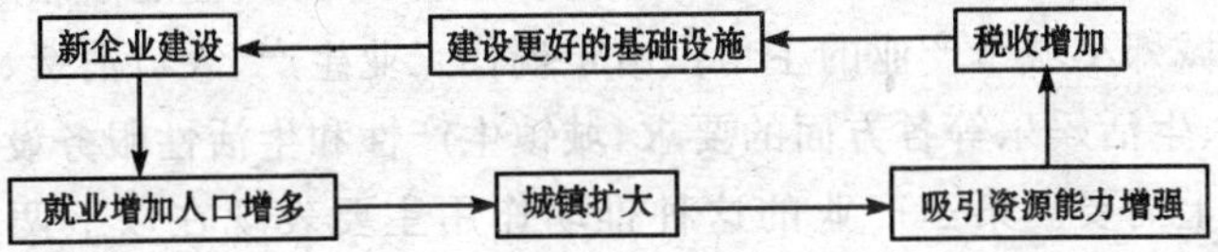

图 2　循环累积因果关系

城郊小城镇建设，必然伴随着小城镇工业的发展与规模的扩张。因此，城郊工业发展是小城镇发展的根本动力。具体体现为以下几个方面。

(1)工业发展为城郊小城镇人口聚集创造条件　城郊工业发展为农业发展提供农业机械、农药、化肥等农业生产资料，促进农业发展，提高农业劳动生产率，从而产生大批“剩余劳动力”。同时，城郊工业发展推动小城镇经济发展，如大批工厂出现，生产配套性服务和生活消费性服务增加,第三产业快速发展,从而创造大量就业机会,进而引起人口聚集。

(2)工业发展带动城郊交通、通讯的巨大变化,加强小城镇与外界的联系　城郊工业发展,极大地发展了小城镇交通、通讯业,尤其是远距离的交通、通讯。进而改变生产地、消费地之间,生产地与消费地之间以及国内与国外的时空联系,不仅加强了国内市场间的关系,甚至还密切了国内与国际市场之间的往来,加速了社会生产与再生产的运动过程,这些变化都有力地促进了新的城郊小城镇的涌现,以及原有城郊小城镇的性质、功能、规模的变化。

(3)城郊工业发展促进了小城镇建设　城郊工业的发展,可以为小城镇各经济部门、各行业提供先进的生产手段和机械设备,使社会生产力得到根本改造,从而为小城镇建设创造条件,使各种交通设施以及高楼大厦等的建设成为可能。

(三)城郊第三产业发展是小城镇发展的后续动力

当城郊小城镇工业发展到一定阶段后,第三产业逐渐崛起,并成为城郊小城镇产业的主角。由于现代工业生产、人口消费、社区管理、生活娱乐等各方面的要求,城镇生产性和生活性服务设施必须跟上需要。第三产业的这种推动作用主要表现在以下两个方面。

1. 增加生产配套性服务　在市场经济条件下,生产产业化程度越高,对产前、产中、产后各个环节的社会化服务的要求就越高。工农业发展需要各种各样的服务,主要有仓贮、金融、保险、科技、通信、广告、咨询、原料供给和产品销售等。工业和农业发展水平越高,对第三产业的要求就越高。

2. 增加生活消费性服务　随着城镇和农村居民收入水平的提高和闲暇时间的增多,人们开始追求更为丰富的物质消费与精神享受,如购物、住房、文化教育、体育娱乐、医疗保健、旅游度假、法律诉讼、社会福利等。

以上各种需求促进了城郊小城镇第三产业的发展，创造了就业机会，导致小城镇人口的聚集，提高了农村城镇化水平。

二、大城市对城郊小城镇的拉力和辐射力

从城市产生和发展历史来看，工业生产所需要的各种生产要素自始至终源源不断地涌向城市；同时，也有很多向往城市的农业人口，仍生活在农村的土地上。这是因为城市的聚集运动本身就是一种双向运动，由于城市内在的“利益吸引”，导致大量生产要素向城市聚集；由于客观的“选择排斥”，使城市吸收和容纳有能力在城市中生存和发展的利益主体，排斥和淘汰没有能力在城市激烈竞争中立足的利益主体。

城市产业革命的产生，极大地提高了劳动生产率，为城市的兴起和发展提供了新的生产关系和物质技术基础，这些条件对于城市经济来说，形成了强大的拉力，即在资本聚集效益规律作用下，形成对农产品和劳动力的大量需求。对于乡村经济来讲，这些条件形成了一种强大的推力，即在一定时期内，农业生产率的提高，增加了农产品的供给，同时又节余了一定数量的劳动力，乡村和城市的共同发展对城市化起到了推拉作用。

城市作为经济中心，往往可以通过其聚集和辐射效应对城郊小城镇和农村起着实质性的影响作用。尤其像北京、上海等大城市，由于其自身经济的规模效益、市场效益、人才效益和设施效益等，首先会让周边区域的资本、人才、原材料、科技和信息不断向中心城市聚集，这种聚集效应使经济中心城市的生产率不断提高，经济能够保持快速增长，也强化了城市作为区域增长极的地位。同时，技术进步带动产业升级，由于城市内部空间及其他生产资料生活资料的有限性，城市的规模效益逐渐丧失，土地价格上涨、生活

费用攀升，这就决定了传统产业开始不断向腹地转移，部分工业项目向城市外围迁移，一些新建的项目也必须布局在城市的外围市区，引起部分人才和资本向城郊迁移。城市辐射效应就自然而然地产生。

城市不断向外围扩散，既表现为产业结构调整中部分城市落后产业向城郊转移，首先是工业、然后是商业服务业也向郊区转移，又表现为人才、资本、技术、信息等高级生产要素的溢出，郊区产业结构不断升级，在城郊兴起了一大批各种类型的乡镇企业。最终的结果是在城市周边形成了一大批的城郊小城镇，带动郊区及其农村的发展，逐步实现了郊区城市化。

城郊小城镇处在一定的经济区域中，受大城市的辐射、扩散和周围农村腹地的双重影响，呈现出特殊的经济、空间发展特征和动力机制，在由大城市——城郊小城镇——农村腹地共同构成的大的经济区域中，城郊小城镇具有更强的发展优势，能够依托中心城市，协调与各方面的关系，共同发展，最终实现与城乡一体化。并通过交通运输的发展、产业结构的变化、市场体系的完善、农业科技的进步及农产品商品化程度的提高，使其更积极有效地进入市场交换系统，促进规模经营，从而产生对小城镇提供的各种服务的需求，刺激小城镇的繁荣与发展。

在城市的经济辐射带动作用下，农村创造出更强大的推力，加快自身发展，越来越多地分享到城市化带来的好处。一般情况下，大城市的发展水平越高，其城郊的乡村分享到城市文明的程度就越大，乡村也就越繁荣。

三、当地农民的要求和农村发展的推力

(一)农民转变身份的要求与社区公共需求推动城郊小城镇发展

在传统体制下,城镇居民与农村居民的各种福利待遇差距显著。农民利益往往处于各种挤压之下,因此绝大多数农民都有向城镇迁移并转换身份、享受城镇生活的本能愿望和要求。但是,长期以来,在我国严格的城乡户籍制度的管制下,农村居民直接向大城市转移的可能性微乎其微。随着电视传媒的普及,随着城乡劳动力流动交往的增加,城市生活对农民有较强的吸引力。同时,城乡居民在收入和就业机会方面的差异,使农民会从低收入的农村向高收入的城市移动,实现生产要素均等化。但是,综合考虑农民自身实际条件的限制和传统观念的影响及其对环境的适应能力,选择就近向城郊小城镇迁移并转换身份,成为大多数从事非农产业的农村劳动力的较为现实选择。

社区政府为了增加政绩,积极改善社区生存环境和投资环境,成为城郊小城镇快速发展中不可忽视的力量。农村改革在促进农民收入增长,同时也促使社区集体经济组织进行积累的利益动机加强,促进乡镇企业发展,增加集体收入,改善社区环境,加强公共服务,追求政绩,扩大支配能力,成为社区官员发展乡镇企业和农村小城镇的主要利益动机。尤其在当前的财政体制下,通过发展小城镇吸引外来资金,成为各地乡镇政府应付财政资金短缺的最重要手段。

(二)农村经济的发展,推动城郊小城镇发展

1. 农村经济发展,需要小城镇吸纳农村剩余劳动力　在农村

土地资源有限的情况下，随着农业生产方式的改善，农村存在大量剩余劳动力，可以实现季节性聚集。只要地区经济收入差距足以弥补迁移成本，农民就会在土地的推力下和收入的拉力下流向城市。庞大的农村剩余劳动力群体急需解决其就业问题。在农村剩余劳动力转移问题上，小城镇可以发挥城乡人力资源双向流动中的纽带作用，是农村富余劳动力的“蓄水池”和“节流闸”，通过劳动力市场的建立和就业信息服务工作的开展，引导城乡人才有序合理流动。

2. 农村经济发展，需要小城镇实现城乡之间的对接 信息匮乏成为制约农村经济社会发展的瓶颈，农民无法全面及时地得到市场信息，影响农业产业结构的调整和农产品销售。小城镇作为一定区域内政治、经济、文化中心，具有一定的区位优势和资源优势，基础设施较好，协作能力较强，信息相对灵敏，人才比较集中。在此情况下，为促进农村经济进一步发展，要求小城镇搭建起城乡信息交流和共享的平台，促进城乡信息交融。同时，城市大量工业品积压，对绿色食品、优质农产品的需求增大；农村商品供应不足，农产品积压，这就需要城郊小城镇实现与城乡市场的对接，成为城乡互通有无、完成市场对接的平台。

3. 农村经济发展，需要小城镇向农村传播现代城市文明 小城镇深入农村腹地，是传播城市文明和辐射农村经济的最佳桥头堡。城郊小城镇可以充分利用其区位优势，向农民传播城市的思想观念、技术信息、管理经验、生活方式等，成为广大农民接触现代城市文明的媒介。小城镇的发展使许多农民的进城愿望变成现实，率先进城的农民以自己抚育文明的生活体验，向“后来者”展示着城市的魅力，为城市化做着无声的宣传。通过小城镇乡镇企业的发展，提高农业的规模化、专业化和机械化水平，增加农产品附加值和农民收入，促进当地农村经济的进一步发展。

(三)乡村城市化的需要

“乡村城市化”主要强调城镇带动农村的发展以及城乡之间的协调发展,在技术创新、制度创新的双重推动下,通过城乡之间生产要素的双向流动和重组以及劳动力素质的提高,实现农业机械化和农业产业化经营,使农业生产力水平大幅度提高,缩小工农之间的收入差距;通过小城镇和农村居民点“农民新村”的建设,使农村居民享受城市的现代物质文明,从而实现城乡一体共发展、共繁荣,逐步缩小,最终消灭城乡之间的差别。但是,乡村城市化并非大部分村庄都变成城市。虽然我国城镇居民越来越多,但仍有相当一部分居民住在乡村。因此,城市化过程是乡村城市化过程,包括农村人口向现代化城市区域的集中过程和农村地区自身的现代化过程。也就是说,一方面人口向城镇转移与集中,另一方面乡村城市化或就地城市化。在一定程度上,生产要素向城市的聚集过程与村镇独立发展过程合并在一起。

另外,我国尚不完全具备人口向城市集中的社会环境。由于城市就业机会比农村多,农村普遍存在剩余劳动力,地区间的城乡收入和生活水平差别显著,导致农村人口向城市转移与集中,但这种转移与集中过程,受到城乡二元社会结构壁垒,特别是户籍制度的严格管制,而呈现出一种非自然的状况。

在我国国情制约人口向城市集中的情况下,把目光转向发展城郊小城镇,以此来解决城市化问题具有较强的现实意义。采取灵活的相关政策、措施,大力发展城郊小城镇,使进镇后的居民享受“城市的生产和生活方式”。这样不仅可以适当地扩大城市发展规模,吸纳农业剩余人口,使他们转移到二、三产业,还可以通过各种手段发展农村经济,逐步使广大农村人口的社会价值发生变迁,慢慢地使广大农村获得城市生活方式,真正地使乡村城市化。

举案说明　浙江省龙港镇——以内发为动力的小城镇发展

浙江省龙港镇始建于1982年，在国家基本上不负责龙港建镇的投资、市场开发、工业发展等的情况下，按“人民城镇人民建”的方针，开始了具有开创性意义的“自费城市化”尝试。该镇率先推出土地有偿使用制度和户籍制度改革，吸引农民进城办企业，把原来仅有6 000人的小渔村建设成新兴的工贸港口城镇。2000年，全镇实现工农业总产值84.86亿元，工业产值82亿元，人均收入6 004元，经济总量占苍南县的40%，成为浙江省经济强镇，被海内外誉为“中国农民自费造城的样板”和“中国第一座农民城"。

1. 资金积累　通过以下各种渠道，龙港通过自己的力量解决了城镇建设所需的资金问题。

(1)土地商业化　1984年初，龙港率先采用土地有偿使用的商业化经营制度。将规划中的街道划分成块，按地段区位标价，然后转卖使用权。到1985年年底，龙港取得了1 000多万元的资金，基本解决了建设开发所需的投资费用。

(2)投资股份化　工厂、商店、码头、仓库、文化教育设施建设，以及专业市场等设施，基本上是通过股份制形式建设起来的，镇里以土地入股，投资者用资金参股而共同经营。

(3)民间金融　在1984年至1989年，龙港工商企业和个体户所需资金的70%都是由当地股份制的金融机构和私人借贷提供的。

(4)无偿捐资　主要是进镇的居民及镇所在地的各单位及工商经营大户捐资建立学校。

2. 经济增长的动力　龙港经济增长主要是靠3股力量的共同作用来启动的。

(1)私人、个体及合作经济的力量　进入龙港的人都是能力比较强的人，包括先富起来的农民、家庭企业主、从国有企业和机关中“下海”的个体经营者。全镇 1 800 多家企业中，97%是个体、私人企业和股份制企业。

(2)工业的专业化 龙港将传统的印刷业作为主导产业，建成我国重要的印刷基地之一。其产值超过了 30 亿元，在全镇 52 家产值过千万元的企业中，印刷企业就占了 30 家。

(3)开拓外地市场 龙港的推销员遍布全国跑生意、找机会，常年在外的专业供销人员有 5 000 多人。

3. 文化与城市化 龙港经济与文化相结合，放弃了通过集体力量发展乡镇企业的路子，充分重视民间力量，延续传统的个体发展模式，表现出鲜明的地方化和“农民城”特征。

由此可见，龙港镇的发展是在当地文化环境中，完全依靠本地区的资金积累、个体的能力优势、以家庭手工业为主体的工业组织方式，以及以进城农民为主体的城市化力量加上当地政府的全力推动而顺利进行的。它在发展初期受外来力量的影响十分有限，属于一种比较典型的内发发展型的城市化模式。

(资料来源：张晓山，胡必亮．小城镇与区域一体化．山西人民出版社，2002)

第四章 城郊农村如何搞好小城镇的经济建设

随着我国社会主义市场经济体制改革的深化和城镇化进程的加快,小城镇的发展对解决我国"三农"问题,推动我国农村城镇化和农业现代化建设具有重大的战略意义。但在发展过程中小城镇问题也日益显露出来,成为小城镇发展的重要障碍因素。因此,在现实情况下,有必要对这些问题加以分析。

一、小城镇基础设施投融资体制

小城镇基础设施投融资体制,主要是指小城镇基础设施建设投资活动中所涉及的资金筹措、投资方式、投资主体行为等方面的运行机制和制度。小城镇基础设施的完备与否,关系到小城镇建设的成败,对小城镇社会经济的发展和人民生活有多方面的影响和制约作用。

小城镇基础设施建设不仅为社会分工全面发展创造条件,而且为纵向和横向经济联系和协作提供重要保证。它是我国投融资体制的重要组成部分,在小城镇的建设与发展中起着举足轻重的地位和作用。

(一)小城镇基础设施建设存在的问题

随着我国城镇化进程的加快,小城镇基础设施建设取得了有效改善,基本上实现了通电、通路、通邮、通话,居民物质文化生活得到基本满足,但与发达国家相比,我国小城镇基础设施建设水平仍然很低,投融资环境欠佳。主要表现在以下几个方面。

1. 小城镇基础设施建设资金供不应求　我国小城镇基础设施建设投资需求量大，资金不足成为小城镇发展的瓶颈。按 2 万人的小城镇基础设施投资人均 1 万元计算，建设 2 万个小城镇累计需要基础设施投资 4 万亿元。如果将建设周期定为 10 年，则平均每年需 4 000 亿元。主要原因是传统的投融资体制与单一的资金来源仍未从根本上得到改变，许多小城镇基础设施建设仍主要依靠当地财政投入，而我国目前大多数的镇级财力十分有限，对基础设施的建设力不从心。

2. 小城镇基础设施投资主体单一　在我国传统的计划经济体制下，政府作为社会资源的配置主体，直接主导资源在各行业的有效分配。以行政建制变更为推动力的小城镇，政府主导基础设施建设特征更加突出。随着近年国家对小城镇发展政策逐步明朗和沿海开放城市的示范效应，投资主体才略有改变，但由于小城镇行政、土地、房屋、城建、公共产品价格管理体制改革相对滞后，民间投资主体介入的力度、广度仍受到较大影响。政府部门仍然是小城镇基础设施建设最主要的投资主体，缺乏市场环境。

3. 小城镇基础设施融资渠道不畅，融资环境欠佳　由于小城镇基础设施建设周期长，具有一次性投资需求量大、资金回收期长，风险程度较高等特征，对以利润最大化为目标的信贷资金缺乏吸引力。同时在商业银行普遍推行资产负债比例管理的资金约束机制下，银行存款的短期倾向，也制约着对城建设施所需的中长期贷款投入，往往造成基础设施项目资金不足甚至短缺。而且，现在小城镇基础设施担保机制和机构尚未建立，小城镇聚集的产业主体有限，能对城建所需的大额信贷资金提供足额担保的主体更是难找，加之城建设施管理改革滞后，难以提供有效抵押，限制了信贷资金的介入。

4. 小城镇基础设施价格体系不合理，影响市场机制作用的发挥　我国经营性基础设施产业长期以来实行福利性低收费标准，以财政补贴的方式维持日常运营，小城镇基础设施价格的调整基本上还处于探索之中。随着市场经济的发展，这种不合理的价格体系弊端日益明显，使得许多小城镇基础设施资金只有投入，没有产出，无法形成自我积累自我发展的良性循环机制。一些基础设施项目被当作公共品，价格极低，基本上没有投资回收，投资回报率极低，对银行信贷资本、社会资本等缺乏投资吸引力，不利于提高基础设施部门的生产效率和服务质量。同时，政府也难以运用正常的经济手段，通过价格杠杆作用来调节基础设施产品和服务的供求关系。

（二）小城镇基础设施投融资模式

在小城镇基础设施建设中，资金紧张成为普遍问题，各地积极探索出许多投融资的具体方式，具有代表性的模式包括集资模式、国家财政投资模式与多元化融资模式。

1. 集资模式　在国家没有资金投入、地方政府财力又比较紧张的条件下，充分依靠群众的力量和政策的吸引，发挥地方优势，集资进行小城镇基础设施建设。这种模式适用于经济比较发达、农民收入较高的部分地区，并不具有实施的普遍条件。即使这种方式在局部地区能够奏效，也会由于农民资金实力较弱，前期初始投资不足，设施规模过小，导致后期规模扩张与改建的压力，不仅会制约小城镇基础设施建设的水平，而且很可能引起更大的资源浪费。

2. 国家财政投资模式　这种传统的政府投资模式仍占据主导地位，其优点是政府投资更容易实现规划的目标和规范化管理，但会加剧小城镇基础设施建设“等、靠、要”思想。在目前国家财力紧张、地方政府也无力大幅度提高投资的情况下，单纯地依靠国家财政这一渠道，显然无法满足小城镇基础设施建设的资金需求，势必影响小城镇建设进程。

3. 多元化筹资模式　即通过多渠道筹资方式，形成多元化投资机制，动员社会力量，大大拓宽小城镇基础设施建设资金的筹集渠道。其优点是若能制定出得当的政策措施，能够吸引外来投资者，对小城镇基础设施建设会非常有利，是一种很有前途的改革思路。

(三)完善小城镇基础设施投融资体制的建议

为了解决小城镇基础设施投融资存在的问题，扩大基础设施投融资规模、提高投融资效率，首先应更新观念、转换职能，充分发挥市场机制的作用，使小城镇基础设施建设逐步走向市场化，将市场机制运用到城镇基础设施建设、运营、管理的各个环节，实现投资主体由单一到多元、资金渠道由封闭到开放、投资管理由直接到间接的转变，形成“政府引导、社会参与、市场运作”的小城镇基础设施投融资新格局，建立新型的“投资主体多元化、投资方式多样化、项目实施市场化”的投融资机制。

1. 转变职能，建立新的监管机制　政府职能要从直接经营管理城镇基础设施行业，转为创造竞争条件、管理经营秩序、营造市场运作机制，从直接管理转变为宏观管理，从管行业转变为管市场。主管部门要认真贯彻国家有关法律、法规，制定基础设施行业的市场规则与行业发展政策，根据城镇经济社会发展规划和计划，科学制定城镇基础设施事业中、长期发展规划。

2. 推进小城镇基础设施管理体制改革　在对小城镇经济、行业、常住人口、地理和资源禀赋等主要发展要素全面普查的基础上，由国家有关部门制定出重点发展小城镇的指导标准，根据各地经济社会实际发展情况，合理规划，分期分批地确定出重点发展的小城镇。重点小城镇的基础设施建设要纳入各级建设规划，做到地域范围内统筹计划，合理安排，防止一哄而上。坚持推行小城镇土地有偿有期使用制度，规范土地出让转让行为，减少城镇化过程中的土地流失。进一步改革小城镇基础设施建设经营体制，放宽基础设施项目准入，逐步建立城镇基础设施投资回报补偿机制。

3. 营造推进小城镇基础设施投融资市场化的有利环境 首先，制定小城镇基础设施投融资优惠政策，把社会投资者投资领域由加工工业、房地产业、娱乐餐饮业引导到基础设施建设项目上来。其次，营造推进小城镇基础设施市场化的有利人文环境，加大对基础设施建设企业的扶持力度，为它们在融资、技术引进、政策咨询、企业管理等方面提供尽可能的服务，确保基础设施市场化有序、健康发展。再次，加快制定有关小城镇基础设施投融资的法律法规。在基础设施的规划设计、项目筹资、投资建设、经营使用等全过程中，有关政府部门、相关企业等的责任、义务、权利，都应用法律的形式确定下来，以杜绝责、权、利不清的现象。用法律为合法的融资活动提供法律保护，对各种投机违法活动严加惩戒，以营造一个公平竞争的环境。

4. 构建多元化投资主体结构，建立基础设施经营竞争机制 小城镇基础设施建设应大力引进集体和私营企业以及个人等各类投融资主体，形成以政府为主导、集体和私营企业及个人等社会各类主体积极参与的多元投融资主体结构。这种投资结构一方面能够拓宽资金，另一方面又能利于打破垄断，促进竞争格局的形成，有利于降低基础设施生产成本，增加供给效率改善服务，保证小城镇基础设施持续、健康发展的活力所在，也是小城镇基础设施建设投融资改革的关键所在。

5. 实行配套政策和措施，鼓励社会投融资主体的积极性

第一，要进行信息诱导。政府有关部门要为投资者提供投融资信息，使社会投资者清楚哪些项目投资成本低、效益好，是政府鼓励投资的方向与项目，从而为投资者提供选择投资的空间和投资决策的机会。同时，通过新闻发布会或各种媒体向社会提供信息和投资指南，为投资者提供及时、可靠、准确的投资信息，并作为投资者决策的重要依据。

第二，要进行政策诱导。通过政策诱导来矫正政府包揽小城镇基础设施建设形成的缺位和投融资不足的缺陷。政府对投资基础设施建设项目的社会投资者，要在土地使用审批、转让及地价上给予优惠政策，通过采取政府参股、利润共享的股份制来解决社会投资者资金不足的问题。对投资于公益性基础设施的项目行为可实行广告补偿方式，即投资者在该设施建成后，拥有若干年广告经营权，用于补偿投资者不可收回的投资资金，并使其最终获得盈利。

第三，要进行投融资诱导。政府的投资行为是引导社会投资的指南，亦是引导社会投资的方向和目标。一方面政府要直接投资，另一方面鼓励社会投资者参与投资使社会投资者与政府投资形成合力，共担投资风险，大大增强投资信赖程度和投资的吸引力。

第四，进行利益诱导。政府对社会投资者要授予基础设施特许经营权，使其在该项目上的投资收益得到保障，同时对投资不足需要贷款的通过政府贴息进行诱导。总之，政府应充分利用经济杠杆，通过利益诱导，鼓励投融资的主动性和积极性。

6. 加快小城镇基础设施产品价格体系改革　由于长期以来对基础设施性质的错误认识，公用产品和服务的价格几十年一贯制，长期实行低价的福利性政策，既不能体现供求关系，使资源得不到有效利用，还会造成公用产品短缺资源的浪费。因此，要尽快建立一种基础设施建设再投入的良性价格循环机制，采取合理计价的经营体系，使基础设施经营企业逐步成为自主经营、自负盈亏、自我积累、自我发展、自我约束的经济主体，这是资源有效配置的客观需要。

7. 完善小城镇基础设施融资体制，加大银行资金助推力度　加大小城镇基础设施建设对银行资金的融通力度，是投资体制的创新要求，也是适应我国资金市场特点的现实选择，而且，通过金融机构对投融资体系和运营的监测，可以对投资方向实施有效调控，最终达到提高城建资金宏观配置效率和微观使用效益的目的。

第一，加大金融政策倾斜力度。鼓励金融机构积极支持小城镇基础设施建设，重点加大对列入国家优先发展序列的小城镇支持。

第二，加快建立小城镇担保体系，疏通融资瓶颈。一是推行重大基础设施项目法人制、资本金制和收费经营权质押制，提高项目本身的抵押担保能力；二是对符合小城镇整体发展规划的基础和公用设施，政府无暇顾及而委托民间经营的项目，可由政府入股的城镇建设投资公司提供担保。

举案说明　加快投融资体制改革探索多元化开发——河北省胜芳镇

自胜芳镇被确定为国家级综合改革试点镇以来，按照总体规划的方向，各项建设不断加快，城镇规模日益扩大，城镇功能不断完善。尤其是对小城镇投融资体制改革，逐步摸索出了一条适合胜芳实际、可操作性强的多元化投资形式的新路。

第一，探索“两多”（建设多主体、投资多形式）投资体制，扩大城镇基础设施建设的投资力度。在建设主体中，胜芳镇按照“人民城镇人民建，人民城镇人民管”、“公益事业大家办”的原则，采取以政府投入为导向，组织和调动集体、个人和受益者多方面建设的积极性，并充分用足用活民间资本，广泛吸收社会资金共同兴建道路、水、电、商业网点、文教等基础设施和公用设施。

在投资形式上，坚持多样化，实施综合开发。或采取先规划道路，实现地价增值，吸引投资，“筑巢引凤”，以地生财；或采取政府贷款投资，统一建设，然后转让、租赁给集体或个人；或采取政府组织房地产开发，盈利用于基础设施建设再投入的滚动开发；或采取先规划街道，后预售临街地皮，聚集资金对道路统一建设；或采取部分市政设施统一管理，有偿使用。通过以上形式，调动更多的投资主体参与到城镇建设中来，“集百家之力，聚万家之财，成一家之事”。建设资金来源的扩大，使胜芳镇的改革与发展走上了自我积累、自我发展的良性循环轨道。

第二，注重挖掘城镇资源，进一步加快现代城镇的形象建设。近年来胜芳镇谋划在继续加强穿心河后期管护的基础上，逐步实施对穿心河的远期开发建设。本着“谁投资、谁受益”、“你受益，我发展”的原则，通过出让、拍卖冠名权和经营权，逐步开发建设水上游园或其他公共娱乐休闲场所项目。这样，既保证了投资者的利益，又改善了城镇环境，还保留了古镇风貌。可谓一举多得。

第三，利用“退二进三”的方式，实现资产的保值、增值，促进经济产业结构的战略性调整。胜芳镇素有商业重镇之称，镇内商业网点多达千余家，东风大街是胜芳镇的老商业街，分布着大小 700 个门店。但由于老区街道狭窄，交通拥挤，影响了胜芳镇的声誉。为此，胜芳镇在“保旧城、建新区”的思路下，按照城镇建设总体规划，通过搬迁胜芳中学及结合企业改制(镇办仪表厂、电缆厂、纸箱厂改制)，利用“退二进三”的方式，由 31 家商户共同投资 2 350 万元，在原胜芳中学建起了拥有 200 个门脸儿、200 个门店的大型综合市场，并投资 2 000 万元建设了东风大街商业小区。加上市办工业投资 600 万元在东风大街东段建成的占地 2 万平方米的曙光农贸市场，在东风大街周边将逐步形成具有一处商业小区、两个规范市场、一条整体步行街的链状商业群。胜芳镇还将通过拍卖的形式对镇建筑公司进行改制。这样既实现了资产的保值增值，也有利于产业结构的调整。同时，也为更好实施“退路进场”经营创造了市场环境。

二、小城镇土地制度改革

(一)小城镇建设中土地使用存在的问题

长期以来城市国有土地实行无偿或低偿使用制度,使城市土地过度开发、粗放经营城镇存量土地,结果造成了一些小城镇建设用地中的低建筑容积率现象,一些地方新建项目不惜占用耕地,无止境地向外扩展,而旧城改造却跟不上,造成的直接严重后果就是大量占用耕地,从而对我国农业经济的发展造成极大的危害。为此,研究如何节约用地、保护耕地,又使小城镇发展得到必要的充足用地,对我国经济建设和社会发展有着极其重要的作用。

1. 缺乏制度约束力,强调以地生财,造成大量土地资源浪费

由于一些小城镇片面强调“以地生财”,在管理上相对宽松,报批手续有所简化,出现了批少占多甚至占而不用或挪作他用的现象,造成了大量土地资源的严重浪费。据有关资料计算,目前我国城市土地约有3%~5%处于闲置状态,约有40%处于低效率利用状态。同时,在小城镇建设中热衷于“圈地运动”,用廉价土地换取建设的资金,结果是领导“政绩”有了,小城镇的规模扩大了,而大量农田被“抛荒”了。有关资料表明,80%以上的小城镇地改是在增量土地上进行的,在一些小城镇新区中,又有60%以上的面积征用的是小城镇周围的优质耕地。这种现象在经济发达地区表现得尤为明显。

2. 建设用地使用不合理,整体效益偏低　小城镇在建设用地规划上缺乏计划性和远见性,使建设用地的规划与其现实的经济发展规模和人口增长规模相脱节,从而造成一些地方在小城镇建设上出现所谓“一年建、二年改、三年推倒再重来”的现象。另外,在小城镇的用地结构上也存在不合理情况,如居民用地比重过大、公共设施用地和绿化用地比重偏小、建设用地粗放经营、土地浪费严重等。由于一些城镇规划部门没能按市场经济规律办事，从而使得某些地方未将小城镇的黄金地段规划为土地级差收益特别高的商业等服务行业用地，而是规划为土地级差收益相对较低的工业用地，或是规划为没有土地级差收益的党政机关办公用地。这种用地规划，严重限制了土地效率的发挥，阻碍了小城镇经济的发展。第一次农业普查资料表明，1996 年全国平均每个建制镇镇区占地面积为 2.2 平方千米，与实际居住人口相比，占地面积已经不少。

3. 小城镇建设用地供求矛盾突出，违法用地大量滋生 随着城镇数量的增加和其空间的不断开拓，小城镇建设用地需求与土地增量供应之间矛盾十分突出。据有关统计表明，1978～1994 年 16 年间我国城市化水平由 17.92％提高到 28.6％，城市建成区面积由 8 842 平方千米扩大到 20 465 平方千米，耕地面积由 993 895 万公顷减少到 949 067 万公顷。在我国新的土地管理法中规定“任何单位和个人进行建设，需使用土地的，必须依法申请使用国有土地”，“严格限制农用地转为建设用地，控制建设用地总量，对耕地实行特殊保护”，“建设占用土地，涉及农用地转为建设用地的，应当办理农用地转用审批手续”，同时要按“土地年度计划分批次由原批准土地利用总体规划的机关批准。”因此，现实中有限的城镇国有土地满足不了猛增的城镇居民与企事业单位的用地需求，从而在一定程度上阻碍了农业人口非农化步伐与农村城市化进程，并且导致了土地隐性市场的出现。在供地主体方面，像城市建设一样，在小城镇建设中，国家垄断了土地一级市场，单一化的供地主体既适应不了多元化用地主体的需求，又导致了土地资源配置效率低下。另外，由于国家垄断了土地一级市场，从而为寻租行为提供了滋生空间，这是导致小城镇建设中出现“乱批”及“乱建”现象的直接原因。

4. 土地边缘利用与产权形式多样，方向多变 小城镇的土地利用具有边缘利用的特点。首先，这里的产权形式比较复杂，既有国有土地，又有农村集体土地，加之土地产权内部的进一步分割，使得产权形式更加复杂多样。在这样的背景下，土地的灰色交易十分活跃，农地流转频繁。由此所造成的土地收益分配和土地利用空间结构不合理现象非常明显，从而使这里成为土地管理最混乱的地区，也是建设用地管理效率不高的地区。其次，由于土地边缘利用比较利益的驱动，土地利用的方向难以控制。农地具有多宜性，其利用具有多选择性。小城镇附近一般为优质农地，既可以种植粮食、油料、蔬菜等，又可以种植花卉、林木，还可以修筑公路、铁路，建设学校、开办工厂，兴建住宅，发展商贸、旅游等，具有广泛的适宜性。同时我国农地资源稀缺，农场规模较小，农地农用的经济报酬较低，难以和其他产业竞争。一般来说，农地的单位面积收益最低，商业用地、旅游用地单位面积土地收益最高，农地单位面积收益仅为工业用地的1/10，商业用地的1/10～1/100之间。在比较利益的驱使下，农地向城市流转，建设用地扩张难以避免。

5. 土地规划不齐备，与其他各类规划的关系不协调 小城镇发展涉及各种类型的规划，如经济社会发展规划、城镇总体规划、土地利用规划、环境保护规划等。这些规划必须相互协调、相互衔接。但是，在实际工作中，这些规划之间不但协调性差，而且也没有衔接好，不能够发挥好每个规划应有的作用。如土地利用规划与经济社会发展规划，往往是经济规划的任意性强，忽视甚至不顾土地利用规划的限制性作用，与城市规划的关系所反映的矛盾更加突出，如在新的土地管理法中将土地管理方式由过去的分级限额审批制度改为土地利用用途管制制度，强化了土地利用总体规划的法律地位。但是，由于各地的城镇规划一般在土地利用规划工作展开之前已完成，甚至做了几轮修编，因此，实际工作中存在以城镇总体规模的审批代替土地利用总体规划的建设用地审批的做法，造成的直接后果就是违法用地。由于城市规划许可审批在前，土地审批在后，往往造成拍卖地与规划地重复或异地的情况出现，还有两者的审批权限也不一致。小城镇总体规划的审批权一般由县(市)级人民政府审批，而小城镇的土地利用总体规划县(市)级人民政府则没有审批权，有的是由地、市、州一级政府审批，有的则由省级人民政府审批。因此，小城镇土地利用规划与其他各类规划的不协调，不但造成小城镇建设过程中自相矛盾，违法违规现象经常出现，而且直接影响到土地资源的合理利用和可持续发展。

6. 土地相关法律法规不完善，造成小城镇建设用地混乱

1987年后，国家出台有关城镇建设用地的法律法规，要求县以下小城镇与大中城市一样，农用地转为建设用地必须由集体土地征为国有，由县市土地管理部门代表政府统一行使“规划、征用、开发、管理、出让”权利，垄断了小城镇建设用地的一级市场。在形成建设用地的“五统一”过程中，为乡镇地方政府获取土地收益提供了合法依据。因此，也造成了两个后果：一方面土地出让以协议方式居多，随意定价，价格普遍偏低，导致了建设用地需求膨胀，使土地使用者无压力、无竞争，对土地实行粗放利用或闲置不用。另一方面，由于政府经济利益的驱动，又造成了土地利用成本过高，不利于产业人口的聚集。小城镇建设用地由集体土地征为国有后，土地使用者支付的土地价格高于征地费几倍甚至十几倍，大幅度提高了用地成本，不利于乡镇企业向小城镇集中布局。同样，农民进镇也必须支付比较高的建房用地成本，不利于吸引农民进入城镇，最终的结果是，小城镇并没有成为聚集产业与人口的聚集地，第三产业发展缓慢，阻碍了小城镇经济的繁荣和发展。同时在《土地管理法》中规定，农村集体所有的土地使用权可以依法进行转让，但对于农村土地如何进入市场，并没有明确具体的条文支持。

(二)小城镇扩展中对被征地农民权益的保障

近年来,随着小城镇建设的日益深入,城镇建设空间的扩张对土地需求和我国整体土地资源比较短缺的矛盾日趋激化,为了维护失地农民的利益,维持我国农业的可持续发展,迫切需要改革现有的土地使用制度和土地管理制度。主要应从以下几个方面着手。

1. 遵守土地征用、征收制度 按照新修订的《宪法》,我国的征地制度包括征用和征收。因此,要营造集体土地与国有土地公平流转的环境,完善土地征用制度。国家为公共利益的需要,可以征用或征收农民集体土地,并给予合理补偿。征用是在紧急情况下,国家强制性使用农民集体土地,并给予适当补偿。征用不改变土地所有权,使用结束后应及时恢复土地使用条件并退还原土地所有者。无论是征收还是征用农民集体土地,都应当严格用于不以盈利为目的、为社会公众服务、效益为社会共享的公共设施和公益事业,以及关系国家安全和国民经济命脉的重大经济发展项目。

在目前城镇土地市场很不充分的状况下,土地征用应是我国城镇建设中土地配置的重要方式,但必须对土地征用行为进行严格规范。不仅要明确公共目的是行使土地征用权的惟一标准,严格土地征用程序,而且要逐渐实现由“征”转为“购”的过渡,促使土地征用行为与土地市场接轨,逐渐形成集体土地和国有土地相结合的城镇土地市场。

2. 建立集体土地征购制度 非公益性项目用地不能启动国家征地权,对于那些符合土地利用总体规划和城镇建设规划的经营性项目用地,就有必要建立征购制度。所谓征购,就是土地征购主体受权,在符合城镇规划和土地利用规划的范围内,按照公开、公平、公正、等价有偿的原则,以市场价格给农民补偿,将农民集体所有的土地变更为国有土地。

征购的范围，主要是小城镇规划范围内的非公益性项目用地。条件成熟的地区，可以结合撤乡设镇、撤销乡村建制和“农转非”工作，将该地区的土地全部征购。如果该地区的全部土地由于征收、征购变为国有，或可称之为土地的“国有化”。这种“国有化”应完全是农民自愿的，不能带有任何强制性。撤销乡村建制的地方，原来的集体经济组织可以成立集体资产的管理机构，例如改组为农工商集团，负责集体资产的经营，包括土地收益的管理和分配。原有的村委会等村民自治组织则可以改组为街道办事处。

3. 应建立农村集体土地一级市场　公益性项目用地国家可以采用征收手段，非公益性用地可以采用征购方式，那么还有一些非公益性的项目用地，如商业、旅游、娱乐、金融等经营性用地，农民集体不愿被征购怎么办呢？因此，就有必要建立一个农村集体土地一级市场。实际上，小城镇一直存在着农村集体土地私下出让、出租的现象，这种非法的、地下的市场可称之为黑色、灰色或隐形的农村土地市场。

现行的土地市场模式是土地征收＋国有土地一级市场。农村集体土地没有一级市场，农民集体不能将自己土地的使用权出让给用地单位。项目用地只能先由国家征收为国有，再将国有土地使用权出让或租赁给用地单位。这种征收＋国有土地一级市场的垄断体制，给一些不法分子寻租创造了可乘之机。

因此，必须打破政府垄断土地一级市场的体制，建立与国有土地一级市场相对应的集体土地一级市场，形成“城乡统一的土地一级市场”。在市场中的土地权利主体不仅可以是国家，也可以是农民集体。所谓“城乡统一”，就是要消除城乡壁垒，城镇和农村的经营性用地，一律进入土地市场公开交易。“统一的市场”，主要是指交易政策法规一致、交易程序一致、交易信息互通，而不是说只有一个有形市场。相反，小城镇建设中涉及的农村集体土地由于地域广阔、区域分散、位置不动、区域经济的差异，交易地块小等特性，适宜建立区域分市场。目前各大城市都设有“土地交易市场”，主要从事国有土地使用权交易。可以考虑在适当的时机，在城市的远郊区(县)设立土地交易分市场，作为农村集体土地交易的主要平台。

农民集体和农户除了可以在土地利用总体规划确定的非农建设用地范围内，按照城镇建设规划规定的用途，通过土地交易市场出让土地使用权之外，还可以以土地使用权入股、租赁等方式参与经营性建设项目的合作开发，也可以由农民自行开发经营。

4. 采取优惠政策，盘活土地存量与旧镇区改造相结合 鼓励将城镇发展与旧镇区改造、盘活土地存量结合起来。对城镇在旧镇区改造过程中通过土地整理等方式形成的富余土地，应允许其直接进入土地市场。选择部分县(市)进行跨县、跨市甚至跨省土地占补平衡的试点工作。鼓励发达地区到其他地区进行土地整理和复垦工作，并以整理和复垦出来的耕地，置换为发达地区的城镇建设用地指标。

5. 规范多元化土地市场的运转 任何形式的土地市场运行，都必须有相应的一系列制度来提供保障，同样，多元化城镇土地市场的运行，也要制定相关制度进行约束，加以规范。要对集体土地流转法人主体、对象、范围、形式、年限、价格评估、收益分配等事项做出明确规定，为城镇多元化土地市场的规范运作提供依据。要加强土地产权登记、土地评估和土地价格公告等土地管理基础制度建设。土地流转涉及国家、集体、企业、个体经营者及农民等多个利益主体，通过严格土地产权登记制度，来保障各个利益主体的合法权益，显得尤为重要。而土地评估与价格公告制度，则是增加土地市场的透明度，防止土地交易中腐败产生的有效手段。另外，对集体土地参与建设的数量控制、参与形式及可能对城镇国有土地市场带来的冲击、集体耕地被建设占用后开发补充的监督等问题，也要提供相应的制度保障。

6. 完善土地贮备制度

第一，要加强相关法律法规体系以及金融保障体系的建设。土地贮备制度作为一项制度创新，需要相应配套的法律法规体系，保证土地贮备制度内容明确、过程规范。建立完备的土地保障制度，需要提供必要的财政和金融保障。土地贮备涉及大规模的土地和巨额的资金，突破目前单一的银行贷款方式，多渠道筹集资金，是保证我国土地贮备制度按其设计思路实现目标的重要保障。可以吸收国外土地银行运作模式的优点，通过土地收回、收购、置换、征用与整理等方式，将出让和年租土地完全纳入政府土地供应总量控制的范畴。

第二，加强与城镇规划和土地利用计划管理的结合。土地贮备要实现其社会效益，降低风险，必须依赖于相关的规划、计划及其管理的配合。要改变城镇土地从原使用者手中直接进入城市土地市场的做法，通过城镇土地贮备机制，将纳入贮备的城镇土地进行开发或再开发，使生地、毛地变为“三通一平”、“五通一平”、“七通一平”的熟地后，再逐步将其推向城镇土地市场。从完善的土地贮备制度对技术导则和运作规范来说，完备的土地贮备制度应包括收购、整理、贮备、出让等过程，涉及到产权、价格、时机确定等技术性工作，也包含着与其他部门合作以及内部管理的运作规范。

7. 加快土地流转制度　从目前的情况看，无论是规范的开发性土地市场还是完备的城镇土地贮备制度的建立，都还需要一定的时间。因此，从短期来看解决城镇化进程中的土地问题，要着眼于对现行制度的完善，即有效地解决当前农村建设用地流转过程中出现的问题。

(1)探索建立土地使用权转让的机制　土地作为一种生产要素，只有合理流动，才能提高使用效益，也只有合理流动才能真正体现土地生产要素的性质。只有建立起灵活有效的土地机制，才能完成其与劳动、资金、技术等要素的优化组合。如，在经济发达、集体经济实力和经营管理能力强的地方，可以试行以乡镇、村为单位，建立集中连片的流转土地贮备库。可由集体经济组织临时发包，也可由原承包农户继续经营。

(2)要形成市场化的土地流转价格　加快承包土地使用权的流动，承包权的价值、价格才能体现出来。因此，必须重视农用地评等定级工作，可运用地租理论对农用地划等级、定价格，也可以以地价为基础，在土地置换中实行等质等价交换，在土地整理、产权划拨时，体现级差地租原则，有效保护基本农田和农业综合生产能力，在农村税费改革中，做到合理调节平衡税金。同时，要加速培育土地使用权流转市场，在私人之间土地使用权自愿转让的基础上，通过股份化经营、土地反租倒包等多种形式，形成市场化的土地流转价格。

(3)要明确集体土地所有权主体代表，强化所有权职责　依据我国现有法律和农村实际情况，应当明确村民委员会作为集体土地所有权主体代表的身份，使其具有独立完整财产权利的法人实体，赋予其在法律规定范围内对土地占有、使用、收益和处置权，通过对土地的发包、出让、出租、入股、抵押等实现土地使用权再配置。

(4)合理界定土地使用权主体的权利范围　明确农民土地承包权是物权、财产权，其涵盖承包权、经营权、抵押权、入股权、转让权等权能，是可以交换价值的独立资产。在成熟的市场条件下，土地使用权是一项相对独立和完善的财产权利，以财产权形式体现的承包使用权还可以实行 2 次分离，再次转让其使用权，依法从事有偿转让、转包、联营入股、贷款抵押等活动，实现土地资源的合理流动与优化配置。

(5)稳定土地承包关系　包括承包权的稳定，农户享有承包经营土地的权利不容侵犯。当然，农户所承担的责任和义务也必须履行。土地承包权必须稳定，流动的只是土地的使用权。

(6)合理界定土地使用权流转收益　对于农用地使用权不改变用途流转产生的地租收益主要归农户所有，集体组织仍按承包合同享有所有者权益不变；对于土地使用权“农转非”流转产生的土地增值，要在国家、集体、农户间合理分配。

(7)积极探索土地流转的新模式　我国农村地域辽阔，自然条件千差万别，经济发展不平衡，广大农民群众在实践中创造的土地使用权流转模式不尽相同。目前，各地出现的流转形式主要包括转让、反租倒包、转包、互换、折价入股等。这些形式各具特色，有着不同的适应性。流转渠道主要有本组或本村集体组织内部的就地流转，也有跨组、村、乡，甚至跨县、省的异地流转。各种流转形式和渠道无疑使农用地流转更具灵活性和选择空间，值得推广。因此，在探索、推广和完善土地使用权流转形式时，要坚决避免一刀切的简单作法，采取灵活多样的各种可行的方式。

(8)加强土地使用权证管理和监督，使土地流转规范、有序　当前，各地土地使用权流转现象已很普遍，土地承包的利益关系和矛盾日趋复杂。这就迫切需要加快农村土地流转的立法进程，健全土地法规，尽快把农村土地流转纳入法制轨道。依靠法律手段加强土地使用权证管理和监督，调节各类利益主体的关系，规范其行为，保护其合法利益。

(9)建立土地流转中介服务组织　建立土地流转中介服务组织，实行土地流转委托管理，是优化土地资源配置，充分发挥土地的资源优势，实现土地有序流转的有效途径。区、镇、村三级要尽快建立土地流转中介服务组织。中介组织要建立农村土地流转交易信息网络，及时登记汇集可流转土地的数量、区位、价格等信息资料，定期公开对外发布可开发土地资源的信息，接受土地供求双方的咨询，沟通市场供需双方的相互联系，提高土地流转交易的成功率。

(10)建立多层次的农村社会保障体系　目前，广大农民仍然把土地作为安身立命的基本生活资料，作为获取收入的主要来源，作为生老病死的保障。没有健全的社会保障制度，就不可能从根本上增强农民离土的安全感和适应市场风险的能力，农村土地市场发育的进程也将严重受阻。因而，必须建立多层次的农村社会保障体系，包括农村社会保险、社会救济、社会福利、优抚安置、社会互助，以及发展和完善农村合作医疗制度等，逐步弱化土地的福利和社会保险功能，为土地转出者解决后顾之忧。

三、小城镇的户籍制度改革

众所周知，随着1958年人民公社的建立，我国形成了城乡分割的二元体制，人口的自由迁徙也随之从宪法中被取消，进而在20世纪60年代初启动了户籍制度。

从狭义的角度分析，我国现行户籍制度大体经历了形成（建国初至1958年）、强化（1958～1978年）两个阶段。1951年7月公安部颁布《城市户口管理暂行条例》，这是建国以后最早的一个户籍法规，使全国城市户口管理制度基本得到统一。1955年6月，国务院发布《关于建立经常户口登记制度的指示》，规定全国城市、集镇、乡村都要建立户口登记制度，从而统一了全国城乡的户口登记工作。1958年1月全国人大常委会通过并以国家主席令形式颁布了《中华人民共和国户口登记条例》。该条例以国家法律的形式对户籍管理的宗旨、户口登记的范围、主管户口登记的机关、户口簿的作用、户口申报与注销、户口迁移及手续、常住人口与暂住登记等方面作了明确规定，标志着全国城乡统一户籍制度的正式形成。

（一）户籍制度对小城镇发展的影响

我国传统的户籍制度既不利于农业、农村的发展，又不利于城市的发展，既不利于经济的发展，又不利于人的发展和管理，具体来说户籍制度的弊端主要表现在以下方面。

1. 户籍制度严重阻碍农业、农村的发展　传统二元户籍制度使城市、乡村两个系统相互独立，生产要素的合理流动被割断，农业、农村的发展处于从属地位，从而制约了农业和农村的发展。一是因为政策偏向，削弱了农业自身积累能力和再生产能力。据统计，1959～1978 年通过工农产品价格“剪刀差”一项就“掠夺性”地转移农业积累 4 075 亿元，占同期财政收入的 21.3%；二是农业成为人口和劳动力的蓄水池，农村人口比例过大，增长过快，目前我国 90%的新增人口来自农村，农村人口的过快增长，导致几十年来我国农户耕地面积一直呈现不断细小化的趋势。20 世纪 50 年代初期我国户均耕地经营规模 1 公顷以上，1978 年下降为 0.57 公顷，1998 年进一步减少到 0.41 公顷。农业经营规模缩小，使农业生产成本逐年上升，不仅影响了农业自身的经济效益，而且也极大地削弱了我国农业在国际市场上的竞争能力。

2. 户籍制度不利于形成全国统一的劳动力市场　为保障城市常住人口就业，许多城市都出台了地方性法规，限制外来人口就业种类，出现“城市关门”现象，抑制了劳动力、人才的自由流动。歧视性就业政策使农民工很难找到工作，抑制了农村劳动力的自由流动，不利于形成城乡统一的劳动力市场，从而带来了种种突出问题。一是农民被限制进城就业，因而缺少城乡之间的就业竞争，城市里劳动力成本的上升无法得到遏制；二是农民工受到了歧视。由于没有城市户口，农民工在劳动力市场上处于非常不利的地位，在城市中的农民工干的是“脏、苦、差、累”的活，但收入远远低于社会平均工资水平，农民工即使和城里人从事同样的工作，他们所得的工资往往也要少一些，“同工”根本无法“同酬”，并且他们也无法享受到其他方面的待遇；三是在现行户籍制度下，数以千万计的农民工进入城市后，无法获得合法的身份，带来了一系列的社会问题。

3. 户籍制度致使我国产业结构畸形 无论是与世界其他国家相比，还是与我国的工业化进程相比，我国的产业结构都表现出了畸形发展的特点：第一、第二产业过重，第三产业严重滞后。在造成这种情况的诸多原因中，户籍管制政策是其中之一。传统二元户籍制度不仅造成了城市化过程滞后，而且因为第三产业的发展更依赖于城市化过程的进展，二元户籍制度又成为我国第三产业发展不足的原因。随着我国人口的持续增长，农业生产技术的提高和农业生产方式的初步变革，产生农业剩余劳动力，而城乡分割体制导致人口向第三产业转移受阻，城市化过程滞后和第三产业发展不足，反过来进一步削弱了我国经济在结构推移过程中吸收剩余劳动力的能力。

4. 户籍制度使城乡差距扩大 从地区发展来看，户籍制度扩大了地区差别，尤其是扩大了城乡差别，拥有城镇户口的居民享受到国家的各种补贴，而对农民来说虽然各级地方财政对农业生产资料的价格进行了补贴，但相对于农业生产资料的上涨幅度实在是杯水车薪，向城市倾斜的政策一直未变，城乡差别难以缩小。

改革开放初期，由于农业的快速发展使城乡居民收入差距一度曾经明显缩小，但随着改革重心向城市的转移，城乡居民收入差距重新出现了扩大的趋势。2001 年城市居民可支配收入与农村居民人均纯收入的比例为 1∶2.58，远远高于 1984 年的 1∶1.67 的水平，基本与改革开放前 1978 年城乡居民收入的比例(1∶2.57)持平。

(二)改革户籍制度，加快小城镇建设

小城镇户籍改革不仅仅是为农民换一张户口卡，而是一个需要有一系列实际措施相配套的系统工程。因为我国在特殊情况下经过多年形成的“农业户口”与“非农业户口”的区分，已经绝不单

纯是统计意义上的户口问题，而是涉及到粮食、住宅、燃料、就业、教育、医疗、社会保险、兵役、婚姻、生育等许多方面，几乎包括了人类现实生活的各个领域，形成了截然不同的两个体系。要改革户籍制度，就必须对和户籍相联系的这些附加条件同时进行改革，这是不言而喻的。

当前的小城镇户籍制度改革之所以难以得到农民的积极响应，在很大程度上是因为与户籍的转换相联系的诸多配套措施没有跟上，从而使得户籍转换对于农民来说徒具虚名。脱离农村进入城镇、由“乡下人”变为“城里人”是多少代农民梦寐以求的心愿。但是，当这一机会真正来临时，他们需要对未来的生活做出合理的预期，从而对转与不转做出理性的选择。如果对未来城市生活的预期使他们感到不安、失望甚至恐惧，则他们宁可继续做他们的农民也不会拿自己及其后代的未来去换得一张毫无价值的城里人的身份证明。因此，在小城镇户籍制度改革中，需要政府方面未雨绸缪，特别要围绕新户籍制度推行过程中农民担心的问题，应有一套切实可行的措施予以解决。

1. 逐步完善社会保障体系　农民对城市生活之所以极其向往，最主要的就是因为城市生活有保障，有“铁饭碗”可端。如今城市的“铁饭碗”没有了，城市中的下岗失业人员成帮结队，就业压力大，他们在自身竞争力不强的情况下，要在城市中获得比在越来越富裕的农村更好的物质生活谈何容易。因此，政府要吸引农民进城落户，就要从以下方面人手解决。

(1)必须解决进城落户人员基本的生存、发展和安居问题，以解除他们的后顾之忧　关键是需要进一步完善社会保障体系，凡被批准进城落户的农民，都应被纳入基本社会保险范畴，已经放弃农村承包地和宅基地的进城农民，应享受当地城镇最低生活保障金。否则，进城农民被排斥在社会保障体系之外，农民不得不将土地作为自己的最后保障，这既不利于农村的规模经营和科技含量

的提高，也制约了我国农业的市场化、现代化进程。

(2)降低农民的进城成本　尽管目前进入小城镇的户籍门槛几乎已经降到最低程度，只要农民愿意，花几十至多上百元就可以在短短几天内办妥一切进城手续(至少在理论上是如此)。但实际上，希望转为城镇户籍的农民仍面临比较高的实际和机会成本。主要包括：一是失去承包土地，二是集体福利将丧失，三是居住成本(买房建房租房)和孩子就学成本，四是各种各样的机会成本(如必须放弃原来的生活和生存方式，必须尽快适应城市生活，必须建立和适应新的人际关系网络等)。尤其是在小城镇的周边农村，乡镇企业的发展和便利的经商条件，几乎已经把城乡的差别填平。因此，如要吸引农民进城，就必须尽量减轻他们的进城成本，如严格执行有关规定，在办理户口迁移登记过程中，除一些必要的证件工本费外，均不收取任何形式的城镇增容费或其他类似费用，建立多层次的住房供应体系，特别是大力发展经济适用房，启动、搞活二级住房市场，使新进城人员对住房买得起、租得起，下放户口审批权限，简化落户程序和手续，积极推行“一站式”服务，开展多种形式的咨询教育活动，使他们尽快适应城市生活方式，等等。

(3)大力推行城市社区建设　目前许多地方的城镇建成区内仍保留着一些农村镇的建制和村委会的设置，已远远不适应城市经济和社会发展的需要，同时随着城镇户籍制度改革，农村人口不断涌入城市，加上下岗失业职工和社会流动人口增加，城市社会人口的管理相对滞后。为从根本上解决城市“农村化”的管理体制问题，应加快城镇行政区划改革，逐步撤销城镇建成区内镇和村的建制，积极推行社区式管理模式，真正实现人口的属地管理。

(4)适度调整进城落户农民的计划生育政策　尽管计划生育政策在我国已经普遍推行了多年，但“养儿防老”、“多子多福”、“传宗接代”等传统生育观念在农村仍然有着广阔的市场，而且目前的计划生育政策本身就对农村倾斜。因此，在小城镇户籍制度改革过程中,应针对农民的传统心理和实际需要,妥善做好城镇户籍管理制度改革与计划生育政策的衔接工作。经批准进城落户的原属农业户口的农民,在执行城镇居民的生育政策方面,允许保留一定的过渡期。通过计划生育政策的适度调整,进一步增强小城镇对农村剩余劳动力的吸引力,加快小城镇户籍制度改革步伐。

2. 进一步放开城市户口控制 随着改革的深化和市场经济的发展,农业生产力水平提高,工业化进程加快,我国推进城市化的条件已经成熟。但大中城市的户口控制仍未解除。这显然与"以发展中小城镇为核心"的城市化战略思想有关,主要是基于对大城市就业困难、生态环境恶化、交通住房拥挤等"都市病"的恐惧。事实上,放开大城市户口未必就一定出现上述问题,这是因为城市发展本身就会带来大量的就业机会,如果加强科学管理也能够化解住房交通与生态环境等问题,从而拉动经济更快增长,也会带来更多就业机会,有助于在社会经济发展中解决问题。除北京、上海等少数几个特大城市外,应尽快放松户籍管制,促使劳动力资源在城乡之间的合理流动,变静态管制为动态管理,使城乡居民享有起码在形式上平等的就业机会与受教育机会。事实上,在取消横隔城乡之间的无形藩篱之后,就必然会起到加快城镇化进程的作用。

3. 构建城乡统一、农业人口与非农业人口一视同仁的户籍制度 户籍制度起初只是作为一种户口登记制度,将全国的人口分为农业人口、非农业人口,以便于统计,当时并没有作为限制农村人口向城市流动的障碍。20 世纪 60 年代开始,我国国民经济陷入困难,城市的就业、食品供应、基础设施严重短缺,于是,一系列限制性的政策不断地加到农业人口的头上,终于演化成具有巨大鸿沟的非农业户口、农业户口制度。户籍制实际上已经成为显示不同社会地位、身份的象征性符号。通过这种户籍制度,农民被排除在工业化、城市化之外。实行城乡分割、城乡分治的政策,实际上对农民来说，是一种歧视性政策。可以说，户籍制度是计划经济条件下不公正、不合理的社会政策的集中体现。在迈向现代化的过程中，我国在构思新型的社会体制时，必须对旧户籍制度进行彻底改革。要将工农、城乡分治，对城市人口和乡村人口区别对待，在一个国家，只因居住地、从事产业不同而实行截然不同的政策改为城市人口和乡村人口统一，从事不同产业的人口一视同仁，居住在不同地域上的人口的权利与义务对等的人口管理政策。

4. 逐步剥离粘附在城镇人口上的一系列不合理待遇　户籍制度本身蕴含着一系列深层次的问题，主要是对城市居民的“过度溺爱”和政府对城市建设的大包大揽。这些深层次的问题不解决，只改户籍制这个形式，虽然操作起来十分便当，但根本性的问题没有解决，城市仍处于增加一个人口，政府财政就背上一个包袱的状态。现在要着手解决户籍制度背后的实质性问题，就要从根本上理顺关系，要变“增加一个城市人口，财政背上一个包袱”为“增加一个城市人口，城市就增加一份经济实力”。只有这些制度性问题解决了，户籍制度改革就水到渠成了。旧户籍制度是一个维护城市和市民特权利益，损害农村和农民利益的制度，因而旧的户籍制度不应成为户籍制度改革的参照系。如果在推动城市化，改革户籍制度之时，简单地将进城农民改为城市居民，那么，这恰恰是为户籍制度改革帮了倒忙。改革户籍制度就是要将旧的户籍制度彻底抛弃，重新设计一个体现公平、权利与义务对等、人人都覆盖在社会保障制度内的、实行属地化管理、迁入与迁出比较自由的新型的人口管理制度。从此出发，当前的一项重要工作就是要逐步剔除城市人口享受的各种不合理的利益和特权，从而使城市人口的增加，对政府不再是增加直接的财政负担，而是增加了城市的经济实力。这样，农民进城就成为推进社会进步的强大动力。

5. 建立城乡统一的劳动力市场　建立城乡统一、公平竞争、正规的劳动力市场，对优化劳动力资源的配置结构，用人主体遵守共同的规则，构建雇佣双方的权利与义务关系都具有重要意义。但这方面改革的难度相当大。主要是我国面临严峻的就业、下岗、再就业工作，以及原有城市人口刚性的既得利益。但可逐步完善劳动力市场的功能体系，包括通过政府、民间职业介绍所和信息媒体逐步建立城乡统一的劳动力供求信息，继续发展和完善民间职业介绍机构，发展各级各类职业培训工作，提高劳动者的专业技能和就业能力，进一步完善劳动力市场管理制度，强化《劳动法》的执法，确保劳动力雇佣双方的权利和义务。另外，建立、健全统一的劳动力市场，还可帮助农民对转移成本、转移的收益和风险做出准确的判断，从而减少因盲目转移而遭致的损失，避免农村人口向城市的过度转移，使户籍制度改革有序地进行。

6. 新城新制，旧城改制，边立边破，先易后难　新建城镇、城镇开发区应按照新的办法、新的人口管理体制建设。因为新城市没有或很少有过去户籍制积累的问题，原有市民不合理的既得利益没有或不多，同时这些地方正需要大扩张，需要吸纳大量的新居民。在这些地方按照新体制建设难度小，而且成效显著。原有城镇在发展过程中，要逐步改革旧户籍体制，实行新的人口管理制度。要在新领域和增量部分率先运用新体制，并努力创造条件，只要条件具备，即弃旧纳新，逐步建立起新的人口管理体制。在户籍制度改革的实际推进过程中，还可从小城镇、小城市、中等城市率先改起，这样操作比较顺利，因为中小城市、镇户籍制度改革的条件比较成熟，改革易于取得成效。

7. 增加教育投入，发展教育事业，疏通城乡劳动力流动渠道

城镇发展需要的是有较高科学文化素养的人才与劳动力，大量基本素质低、知识技能差的人口涌入城镇，势必引起就业、交通、生态环境等一系列社会问题。因此，为了顺利实现农村剩余劳动力由农村向城镇转移，必须加大对教育的投资力度，大力发展教育事业。教育活动是一种外部效益非常强、社会效益十分显著的活动，它不仅有益于受教育者本人，而且有益于国家和社会。鉴于当前农村收入水平低下，所以政府有责任和理由加以扶持。政府完全可以结合积极的财政政策，及时调整政府投资方向，加大对农村教育的投入，尽快普及 12 年义务教育，并大幅增加高等教育奖学金与助学金，使更多的农家子弟能分享高等教育发展的成果，这也能为统筹城乡发展，加快城镇化步伐铺平道路。

8. 建立、健全小城镇户籍管理机构 公安机关是户籍管理的主管部门，应充分发挥职能部门作用，在认真调查、充分论证的基础上，依照上级有关规定，制定适合本地实际情况的实施意见，提供领导决策，当好党委和政府的参谋，县(市)公安局要设置专门的户籍管理机构，配备精干的工作人员，并在镇(乡)建立公安派出所，接管镇(乡)户籍管理工作。

举案说明 小城镇户籍改革实施情况

第一，全国总体情况。2001 年 3 月 30 日，《国务院批转公安部关于推进小城镇户籍管理制度改革意见的通知》(国发〔2001〕6 号)下发后，公安部及时向各地发出了《关于贯彻落实〈国务院批转公安部关于推进小城镇户籍管理制度改革意见的通知〉有关问题的通知》(公通字〔2001〕49 号)，对全面推进小城镇户籍管理制度改革工作做了具体部署。各地公安机关认真按照国务院、公安部的要求，结合本地实际，制定工作方案，报经政府批准后，认真组织实施。据不完全统计，截止目前，全国已办理小城镇户口 953 万人。以下是改革实施主要情况。

1. 结合本地实际，制定实施方案 各地公安机关组织力量，对小城镇实际情况进行全面细致的调查摸底，基本掌握了小城镇实际居住人口及其来源、年龄、职业、房产、土地使用等情况。在此基础上，各地根据当地经济发展水平和综合承受能力，研究制定了包括改革范围、落户条件和对象、办理程序等在内的具体实施方案，并上报省政府。天津、山西、内蒙古、辽宁、吉林、黑龙江、江苏、浙江、安徽、福建、山东、河南、湖北、湖南、广东、海南、四川、重庆、贵州、云南、甘肃、青海、西藏、新疆等省、自治区、直辖市的党委、政府相继批转了当地公安厅、局提出的实施意见。江苏等省政府还专门成立了户籍制度改革领导小组，在公安厅设立办公室负责组织实施；一些地方的市、县政府也成立了分管领导任组长、有关部门参加的户籍改革工作领导小组和专门工作班子，并把户籍改革工作纳入目标考核范围，层层分解任务，签订责任书，落实工作责任。

2. 做好宣传发动工作，争取理解和支持　各地公安机关逐级召开小城镇户籍管理制度改革工作会议，对深化小城镇户籍制度改革工作进行动员部署，在公安机关内部统一了对此项改革工作重要意义的认识，形成了上下一心、众志成城的良好局面。各地还结合正在开展的政务、警务公开活动，通过广播、电视、报刊等新闻媒介，利用召开新闻发布会、设点咨询、召开干部群众会议、印发《致居民群众一封信》等多种形式，对小城镇户籍管理制度改革的意义、落户条件、办理手续、审批程序等进行了广泛深入的宣传。江西省在《江西政报》上全文刊发《国务院批转公安部关于小城镇户籍制度改革意见的通知》；新余市公安局在推出户籍改革办法后，先后在南昌、新余召开新闻发布会，宣传户籍改革的措施，并通过在城区主要街道悬挂横幅标语和向群众发放入户须知等形式广泛进行宣传；南城县公安局组织宣传车在各乡、镇巡回宣传，使户籍管理制度改革实施办法真正做到家喻户晓。

3. 分类指导工作落实　一些地方根据不同城镇经济发展水平、人口规模和综合承受能力的差异，分别制定实施了不同的户籍改革政策。如重庆市根据主城区、近郊区、远郊区（市、县）小城镇不同发展特点，利用政策优势，科学合理引导人口流向，缓解主城区人口增长过快的压力，形成大城市、中小城市、小城镇合理发展的梯度格局。各地还抓住小城镇户籍制度改革之机,采取措施认真清理历史遗留问题。对已在小城镇办理了蓝印户口、地方城镇户口、集镇自理口粮户口的,只要符合条件就统一登记为城镇常住户口;对空挂户口,在摸清实际住址的基础上,逐步予以消化,最大程度地实现人户一致的要求;继续完善常住、暂住、出生、死亡、迁入、迁出、变更更正7项登记制度,进一步严密了城乡户籍登记管理。

4. 规范工作程序,提高服务水平 各地公安机关结合"三项教育"活动,在小城镇户籍管理制度改革工作中,严格执行户口管理有关政策规定和《公安部办理户口、居民身份证工作规范》,大力推行办理户口责任制,简化办事程序和手续,转变工作作风,改善服务态度。山东、河南等地积极推进"一站式"服务,及时为符合到小城镇落户条件的群众办理审批手续。贵州省对办理小城镇户口较集中的地方采取现场办公的办法,为符合规定的申请人当场办理户口。各地不断健全监督机制,公开办事制度,实行警务公开、阳光作业,强化内外监督,有效地防止了违反规定审批户口以及营私舞弊、索贿受贿等行为的发生。

5. 落实配套政策,确保小城镇户籍管理制度改革顺利进行 大多数地方政府专门制定了进镇农民宅基地、承包地、自留地使用、流转等配套政策,保证进镇落户农民原有利益不受影响,同时明确进镇落户农民与城镇居民在各方面享受同等权利。江苏省的一些地方还制定了许多优惠政策,吸引农民进城落户,如淮安、宿迁、泰州等县(市)规定,凡进镇农民,在集镇建房占用集体土地不超过规定标准面积且原宅基地已复垦的,经县级政府批准,免交有关土地费用,进镇农民原有的村提留、镇统筹、水利河工、五保户供养等费用一律免交,愿意在集镇投资开发的,可优先选择门面房。天津、山东等地对在小城镇户籍管理制度改革后,城镇建成区内从事非农产业的人员办理城镇人口、"非转农"、门楼牌管理、审批权限和时限、征用土地"农转非"、公安机关独立行使户口管理职能等问题进行了明确界定,促进了小城镇户籍管理制度改革的顺利进行。

第二,北京市。为落实《国务院批转公安部关于推进小城镇户籍管理制度改革意见的通知》(国发 2001 年 6 号)文件精神,市委、市政府多次召开会议,专门研究,把积极稳妥地推进城镇化进程作为当前以及今后一段时期北京市的一项重要工作,并结合北京市的实际情况,提出"尊重规律,循序渐进,深化改革,机制创新,积极工作,推进城镇化建设进程"的发展战略。决定在北京市远郊区、县的 33 个中心镇的规划区范围内,有合法固定的住所,稳定的职业和生活来源,有本市农业户口的人员及直系亲属,均可根据本人意愿,办理城镇常住户口,为此市政府专门下发了《北京市人民政府办公厅关于确定本市郊区中心镇的通知》京政办发(2001) 8 号文件。为贯彻国务院、市政府有关文件的精神,市公安局作了大量的工作。

1. 做好中心镇"户改"前的准备工作　为落实《国务院批转公安部关于推进小城镇户籍管理制度改革意见的通知》(国发 2001 年 6 号)和《北京市政府办公厅关于确定本市郊区中心镇的通知》京政办发(2001)8 号文件精神,市公安局对本市郊区 33 个中心镇"户改"启动前准备工作进行了部署、检查、验收。先后有 26 个中心镇总体规划已经完成,规划区、起步区内的户口清理整顿工作已经完成,组织机构、人员培训已经落实,规划区、起步区内的小城镇户口登记条件已经具备,符合市公安局要求,这些中心镇的"户改"工作已正式启动。

2. 完成市外进京和市内转非的户口审批工作　全市已经实行"户改"政策的 26 个中心镇,已完成正常的市外进京和市内转非的户口审批工作。截止 2001 年 11 月底,全市已批准市外进京户口 4 000 人,市内转非 10 000 余人。小城镇的"户改"工作,推动了村镇经济的发展,收到了很好的效果。例如,通州区县镇实行"户改"政策以来,2002 年共办理市外进京入户 163 户、240 人,市内

"农转非"285 户、672 人;共引进项目 46 个,引进资金 5 亿多元,吸纳当地劳动力 3 146 人,比 2001 年同期多 1 200 人,增长 61%。其中,工业开发区引进项目 10 个,千万元以上的企业 9 个,创利税 2 836万元,比 2001 年的 2 277 万元净增 559 万元,增长了 24.5%。

3. 进一步推进小城镇"户改"工作的设想 北京市委、市政府在《中共北京市委、北京市人民政府关于进一步加快郊区小城镇建设推进农村城镇化进程的意见》京发(2000)30 号文件中指出,"当前,加快郊区小城镇建设的时机和条件已经成熟。抓住机遇,适时引导小城镇健康发展,应当作为当前和今后较长时期农村改革与发展的一项重要任务。"小城镇户籍管理制度的改革是推进郊区城镇化整体工作的一个部分,是城镇化顺利进行的政策保证。

(1)进一步加快本市郊区小城镇建设 推进农村城镇化进程,促进小城镇健康发展,进一步贯彻落实国务院批转公安部关于推进小城镇户籍管理制度改革的意见。

(2)加快 7 个中心镇"户改"前的准备工作 深入基层,督促检查未启动的中心镇尽快完成镇区规划工作;对已经完成镇区规划工作的中心镇认真开展"户改"启动的户口清理整顿工作;对已做好"户改"启动前各项准备工作的中心镇,本着成熟一个启动一个的基本原则,保质保量地落实好小城镇"户改"政策。

(3)适时扩大"户改"工作的实施范围 按照"户改"工作应把握的原则,在 33 个中心镇"户政"工作启动的基础上,拟将"户改"工作的实施范围进一步扩大,将北京市周边的 14 个卫星城纳入"户改"的范围,使北京地区的城镇化进程进一步提升。

第三,广西壮族自治区。为贯彻落实《国务院批转公安部关于推进小城镇户籍管理制度改革意见的通知》文件精神,广西壮族自治区人民政府指出,城镇化滞后已成为制约本区经济和社会发展的全局性问题,推进城镇化是现阶段和今后较长时期内的一项重要任务。自治区人民政府于 2001 年 4 月 28 日下发了《关于加快城镇化进程的决定》(桂发〔2001〕15 号)，提出了重点发展大中城市，加快发展小城市和县城，积极发展小城镇，引导、培育城市群和城镇带的形成与发展等策略，要求改革城镇户籍管理制度，建立适应社会主义市场经济体制要求的城乡户籍管理制度，鼓励农民到城镇定居经商办企业，形成农村人口有序向城镇聚集的机制。已开展了以下户籍管理制度改革工作。

1. 认真制定户籍改革政策　自治区人民政府已于 2001 年 11 月底将《广西壮族自治区关于加快城镇发展的若干政策(送审稿)》交区有关部门再次修改，其中户籍改革的主要内容有：

(1)放宽办理城镇常住户口条件　在本区的城市、城镇有合法固定住所、稳定职业或生活来源的人员及与其共同居住生活的直系亲属，均可根据本人意愿办理城市、城镇常住户口。

(2)统一城镇户口标准　取消城市、城镇蓝印户口(含绿卡户口)、地方城镇居民户口、自理口粮户口。原已办理这 3 种户口的，转为城市、城镇常住户口。

(3)放宽科技人员办理城镇常住户口条件　具有大学本科(含本科)以上学历或具有中级专业职称(含中级职称)以上的人员，允许到城市、城镇办理常住户口。其落户不受年龄、工作时间限制。

(4)放宽在城镇投靠落户条件　夫妻一方需要到另一方城市(镇)居住的，允许其办理落户手续，其未成年子女可以随迁。男性年满 55 周岁、女性年满 50 周岁，身边无子女照顾的，既可迁到子女居住地落常住户口，也允许一名子女及家庭成员迁入父母居住地落常住户口。

(5)统一城镇落户人员的权利与义务　经批准落户城市、城镇的人员，在入学、参军、就业等方面与当地原居民享有同等权利和义务。各地区、各部门均不得借户籍改革之机收取城市、城镇增容费或其他类似费用。

2. 改革“农转非”计划管理　自治区人民政府于 2001 年 10

月25日下文取消执行了12年的“农转非”计划指标和《“农转非”许可证》制度。由公安部门统一行使户口审批权，为本区实行以有合法固定住所、合法稳定的生活来源作为登记常住户口的条件扫清了障碍。

第四，天津市。

1. 从实际出发，全面开展小城镇户籍管理制度改革 据统计，全市共有建制镇101个、200余万农业人口。按照中央和国务院文件精神，天津市对具有一定规模，基础条件较好，按照建制镇总体规划进入建制镇镇区范围内居住的，具有天津市农业户口的人员先进行城镇户籍管理制度改革，循序渐进，逐步推开。对办理小城镇常住户口的人员，不再实行计划指标管理。

2. 进一步放宽小城镇落户条件 凡天津市农民已到建制镇镇区范围内居住，具有合法固定住所，以及稳定职业或生活来源的，经本人申请，提供有关证件，可办理小城镇户口。

3. 简化小城镇户口办理程序 小城镇户籍制度改革的范围在小城镇镇区范围内进行，小城镇镇区的范围应按照该镇总体规划，报区、县政府同意。居住在镇区范围内的人员，向居住地派出所提出书面申请，提交稳定职业或生活来源证明，复印户口簿、身份证、结婚证、固定住所证件，报市公安局户政处审批。不再索取非农职业证明，收回责任田证明，居住满2年证明。

4. 通过各种渠道加强对小城镇户改意义和政策规定及办理程序的宣传 基本做到了家喻户晓，取得了群众的理解和支持。市公安局户政处要求各分局主动向所在区、县政府汇报，征求区县有关部门的建议和意见，研究制定实施步骤。市公安局户政处深入基层及有关部门对小城镇户籍制度改革工作进行业务指导，提高了执行政策的准确性。

（资料来源：金逸民，张军．中国小城镇发展战略研究．北京：中国农业科学技术出版社，2003）

第五章　城郊农村如何搞好小城镇的行政管理

一、为什么要改革城郊小城镇的行政管理

随着城郊小城镇数量的日益增多，规模的不断扩大，功能将要日趋完善，从而使小城镇的管理越来越成为一个复杂的系统工程。与单一的农村社区相比，小城镇需要更多的制度支持、制度安排和制度保障。小城镇是“孕育于农村母体的城市婴儿”，跟单一的农村社区相比社会经济特点不同，从离开母体起就对制度提出了强烈的要求。

（一）社会情况的复杂性对改革行政管理体制提出了强烈的要求

城郊小城镇是联系城市与农村的纽带、中间环节与桥头堡。中央颁布的《关于加强和改进思想政治工作的若干意见》指出，我国社情已存在“经济成分、经济利益多样化，社会生活方式多样化，社会组织形成多样化，就业岗位和就业方式多样化”。这“四个多样化”在小城镇体现得非常明显。如经济成分多样化表现为集体、个体、私营、外商投资企业等多种经济成分在市场竞争中共同发展的局面；组织形式多样化表现为多种行业协会、个体劳动者组织、消费者协会、商会和联谊会等社会中介组织和社团组织；物质利益多样化表现为利益主体多样化，个体工商户、私营企业、集体企业和股份制企业等；社会情况的复杂性表现为社会公共事务增多，政府的公共责任加大，要求政府提供完备的制度规范、制度安排和制

度保障，提高对社会要求的回应性和责任性。

(二)社会公共事务的多样性对改革行政管理体制提出了强烈的要求

城郊小城镇社会公共事务的多样性表现为规划、道路、供电、供气、通讯、园林、流动人口管理、工商行政管理和社会治安管理等非管理类公共事务。小城镇的规划是政府的责任，如何从系统和实际出发，贯彻规划的科学性、超前性和实用性，是政府领导的决策事务。社会治安管理、流动人口管理、计划生育管理、国土资源管理、环境卫生管理、劳动就业管理和工商行政管理等是政府管理的主要内容。民众要求政府更多地、优质地提供公共物品和公共服务。

(三)社会情况的复杂性与公共事务的多样性决定了小城镇行政管理的艰巨性

城郊小城镇镇政府对内必须精简机构、裁撤冗员、节省财政资金，对外必须回应社会和公民的要求，把该管的管好，不该管的放开，做到有所为，有所不为，充分贯彻“效率、效益、公平的管理三原则”。依法治镇、依法行政，实现小城镇的稳定、运转协调和可持续发展。

二、城郊小城镇的行政管理体制改革举步维艰

我国城郊小城镇建设步伐的明显滞后，影响了农村城市化和现代化的进程，究其原因，主要是小城镇的发展受到某些现行体制和政策的制约，行政管理体制的不完善是其中的制约因素之一。主要表现在以下几个方面。

(一)条块分割,政府管理职能不到位

条块分割、上下关系不顺、事权不明是制约城郊小城镇发展的重要因素。我国宪法规定,镇作为一级政权,负责统一管理本地区政治、经济、文化和各项社会事务。地方组织法也进一步明确规定镇政府拥有的职能,但现行的行政体制下,这些职能常常难以落到实处,突出的障碍是县级行政部门包揽了镇政府的许多职能,并在镇里派驻了大量的分支机构和人员。“权在部门,事在基层,责在镇上”的责任与职权相脱节的体制严重影响了镇政府积极性的发挥。由于权利和责任相分离,极大地削弱了小城镇政府职能,严重制约了镇政府作用的充分发挥。

(二)机构庞大,行政效率低

造成机构和人员庞大的重要原因是条条干预过多。机构重叠,职责不清,必然导致各级政府人浮于事、互相扯皮、作风拖拉、效率低下等现象的出现,最突出的问题就是上级部门名目繁多的检查、评比和达标活动,以至于他们一年要用近一半的时间和精力来应付。这种忽视行政主体积极性的行政运作方式弊端很大,不仅制造了许多无效工作,极大地牵扯了小城镇干部的精力,而且还要浪费大量接待费用,使得下面疲于应付,甚至弄虚作假,滋生腐败现象。

(三)政企不分,政府过多地干预经济事务

长期以来,城郊小城镇政府用行政手段直接介入企业日常工作和生产经营活动,造成严重的政企不分。这既削弱了企业自主经营的积极性,又导致城镇政府对企业和市场的过多干预,造成企业和市场对政府的强烈依附。

(四)管理人员素质低、来源杂，人才匮乏

由于城郊小城镇的管理职能呈多样化的趋势，再加上在管理过程中往往是“一事一人，一人多职”，很少有机会学习提高，人员素质很低。小城镇的管理人员大多是土生土长的本地干部，人员素质参差不齐，人事管理混乱无序。由于环境和条件的制约，许多本地的人才不愿在本地发展，而流往大中城市，而外地的人才，又因大多数小城镇缺乏吸引人才的优惠条件和环境，很少到小城镇来落脚。

(五)建设管理不适应小城镇的发展

一是许多地区的城郊小城镇发展由于缺乏科学的规划和战略眼光，存在着重复建设和盲目建设以及“形象工程”等现象。二是有些小城镇虽然制定了规划，但缺乏科学论证，忽视民族地方文化传统的现象比较突出，建筑格调雷同，缺少特色，加之法制观念淡薄，长官意志盛行，经常出现“今年建，明年拆”的现象。同时，道路、供水、排水、电力、交通等公共基础设施不足，脏、乱、差现象较普遍，城镇基础设施管理落后，使用效益低，城市功能优势难以发挥。三是布局不合理，建设水平低。一些地方不是按客观条件和发展需要，而是按照行政区划管辖范围盲目建城镇，造成土地资源浪费严重，环境污染问题突出，小城镇的生态环境不良状况加剧。

三、政府职能的转变

城郊小城镇不同于一般的乡镇，在经济、文化、社会各项事业长足发展的情况下，尤其需要健全和完善小城镇的行政管理职能，充分发挥其统揽全局、协调发展的功能。因此，理顺县、镇关系、消除条块分割的根本途径是县政府简政放权，根据行政管理的内在规律，对县政府部门派驻机构和延伸至小城镇的机构进行大幅度的调整，把县级政府部门管不了、也管不好的并且属于小城镇政府的职能无条件地下放，尤其是那些直接为农业、为农村、为农民服务的站所机构下放给镇政府管理，对实行双重管理的站所，也要加大小城镇政府的监督检查权、人事权和工作协调权。

根据各地小城镇的发展水平以及需要，明确政府的职权范围，各司其职，赋予小城镇政府相应的经济和行政管理权限，调动其建设的积极性，划分政府行为、企业行为、市场行为的范畴，合理区分小城镇政府的事权、财权，让管理职能与权力相宜，做到管理有权，建设有钱。

小城镇经济一直在夹缝中生存，进入市场也较早。因此，政府行政管理要利用这个有利条件，适应小城镇经济环境的需要，不断创新，探索一条科学管理的新路子。政府要依法行政，规范管理，改善企业经营环境。对于原有的镇办集体企业，同样要按照政企分开的原则，尽可能利用市场机制，从直接管理和经营企业转变为资产管理，条件成熟的应实行股份制改造。

同时，政府应集中力量进行公共行政管理，不应包揽过多的经济社会事务，政府重点是培育和规范各类市场，监督市场运行，维护公平竞争，提供信息服务，为乡镇企业的发展和农业生产提供一个良好的环境，抓好城镇规划的制定及监督实施、公益性基础设施建设、农田保护、计划生育、社会治安和精神文明建设等管理工作，但决不能沿用计划体制下“大包大揽”的方式，应着重强化政府的服务功能。

四、管理手段要现代化

城郊小城镇的建设管理，应严格按照国家已出台的《城镇规划法》、《城镇规划标准》等法规、政策科学有效地进行，排除人为的干扰，坚持依法行政。要把小城镇建设同本地的产业优势、区位优势和资源优势结合起来，因地制宜、扬长避短地确定其经济发展方向。要通过规划建设以及优惠政策引导乡镇企业连片集中，提高土地资源和能源的利用率，解决环境污染问题，加强环境生态的保护，促进公共基础设施的配套发展，提高城镇辐射能力。要完善城镇的整体功能，发挥其聚集效应，使小城镇的中心地位建立在牢固的基础上。要按照城市化管理的要求，建立相应的社区管理组织，制定相应的管理制度，做到事事有人管理、项项有章可循。

举案说明　政府转变职能 促进小城镇发展——浙江省龙港镇发展战略

龙港作为中国农村城镇化改革的产物，在发展过程中取得了极为丰硕的成果，经济和社会都取得了显著成效，基本完成了资本的原始积累，实现了从小城镇向区域中心城镇的飞跃。但是，到20世纪90年代中期，随着龙港镇的城镇规模的不断扩大、人口的不断增加、经济总量和社会进步程度的不断提高，逐渐暴露出镇级行政管理体制的不相适应性、镇级经济管理权限的不相协调性、城镇建设和居民素质与城市化要求的不相称性，使龙港经济和社会发展陷入了“小马拉大车”的困境。

为了摆脱这种困境，使政府职能尽快适应经济和社会发展的需要。龙港镇先后对镇政府的行政管理体制及机构设置、财政管理体制、工业经济管理体制、计划管理体制和户籍管理制度等十大体制进行了改革，初步建立起小城镇管理的新体制，为龙港经济和社会发展注入了强劲的动力。龙港镇于1995年按照国务院十一个部委的批复意见，遵循“小政府、大服务”和“政企分开、政事分开”的原则，开始了小城镇综合改革试点工作。

龙港镇机构改革和政府职能的转变，主要是侧重于做好“服务、引导”、“城镇管理”、“社会保障”等工作，为经济和社会发展创造良好的投资环境。

第一，做好“服务、引导”文章。在市场经济体制下，政府必须强化服务职能，为社会和企业提供良好的软环境和硬环境的服务。一要集中财力、物力、精力搞好基础设施建设，如供电、供水、交通、通讯、文化教育设施等，为企业创造良好的投资环境，解除经济发展中的瓶颈；二要提高办事效率，减少中间环节，防止公文旅行，拖拉推诿，为企业、群众提供更多的方便；三要打击犯罪，制止地霸行为，真正做到为发展经济保驾护航，使企业安心生产，群众安居乐业；四要建立中介结构和要素市场，如会计、审计、法律、信息等服务体系；五是为企业牵线搭桥，加强横向联合，为企业拓展市场，提供产后服务。

在经济和社会发展过程中，做好引导工作，是当前政府转变职能的重要内容。一是在制定政策上加以引导，即政府对在实践过程中碰到的问题，制定地方性政策，如产业的引导政策，扶持科技进步政策；二是制定具体的规定来规范人们的行为，通过对交通、治安、城镇规划、计划生育等具体的规定，引导群众提高市民意识，使社会出现良好的秩序；三是从教育入手，引导群众争做文明市民，如法制教育、道德教育，甚至宗教信仰，同时还要针对当前股份合作企业和私营企业在用工问题上存在的问题，引导企业家、私营企业主做好稳定务工人员的思想工作，采取相应的措施，使这些人员在政治上平等，待遇上合理，生产上安全，生活上安定。

第二，做强城镇管理文章。市场经济并不是不要政府管理，尤其是经济发达的城镇，更需要政府加强管理工作，抓紧精神文明建设，因此，作为城镇的政府，必须对本辖区内的交通秩序、社会治安、暂住人口、产品质量、文化市场、计划生育、环境卫生、土地规划等进行严格管理，否则城镇就显得杂乱无章。

同时，政府要坚持两手抓、两手都要硬的原则，保证改革开放和经济建设顺利进行，不断强化思想政治工作，激励干部群众艰苦创业，树立起“勇做改革者，甘为孺子牛”的精神，树立爱国主义和共产主义精神，教育干部廉洁奉公，遵纪守法，教育经营者合法经营、文明经商，教育广大群众讲卫生爱清洁等等。

第三，做稳定社会保障文章。建立社会主义市场经济体制是一项复杂的系统工程，社会保障体系是其中一个重要的子系统。因此，作为地方政府，一项重要的工作就是抓好社会保障体系的建立，积极配合有关部门全面开展养老保险、退休保险、失业保险、待业保险、工伤医疗保险等。

从以上的分析可以看出，龙港镇发展的本质在于它实现了政府管理职能的转变，创造性地发展了一种以市场经济为特征的小城镇建设机制的创新。这种模式对于在推进城郊小城镇的迅速与健康发展中具有普遍的推广价值。

龙港镇发展给我们的启示，在于要改变我们对小城镇的传统认识，城镇不仅是行政管理逐级延伸的链条上的一个个节点，更是区域经济发展的结果和要求，需要从区域经济发展的角度来看待小城镇的发展问题。要树立城镇是产品、是经济发展载体的理念，从而按照经济的规律来经营建设城镇。需要在小城镇与区域经济发展规划上建立有效的协调机制，真正按照怎样有利于城镇“长大”，怎样有利于经济发展和怎样有利于提高人民生活质量的标准来制定不同城镇的发展政策，避免“人工造城”和“逆向操作”。同时也要按照双赢的原则，在不同区域间，调剂、配置各种资源，从而使得不同区域的城镇拥有独特“性格”和发展空间。

（资料来源：金逸民，张军主编．中国小城镇发展战略研究．中国农业科学技术出版社，2003）

第六章 城郊农村如何搞好小城镇的社区管理

一、怎样理解城郊小城镇的社区管理

社区一般是指聚集在一定地域内的社会个人、群体和组织在社会互动的基础上，依据一定的社会文化规范结合而成的地域性社会生活共同体。它是和国家、一般社会组织和社会群体不同的、有自身独特功能的社会结构单元。一般来说，人口、一定范围的地域空间、一定的设施、组织体系与制度以及文化特征是构成一个社区最基本的要素。这五个因素都是形成一个社区所不可或缺的条件，每一个构成要素都具有不可替代的作用。

城镇社区又叫做集镇社区，是同时具有农村社区和城市社区某些成分与特征的社区类型，是一种比农村社区高一层次的社会实体，无论从地域、人口、经济、环境等因素看，它们既具有与农村社区相异的特点，又都与周围的农村保持着不可缺少的联系。

城郊小城镇社区是介于城市和乡村之间的一种社区类型，它兼有城市和乡村社区的特点。

（一）可以作为城乡中介

城郊小城镇是“乡头城尾”，位于城市郊区，拥有优于城市的生态环境和质量，直接受到城市经济、文化、社会生活的强烈影响。同时，它接近农村，但又不同于农村，在交通设施、生活条件、发展状况等方面都比农村好，对农村劳动力和劳动产品具有较强的吸纳能力。所以，城镇社区处于城市和农村之间，在城乡经济、文化交流中起着重要的中介联系作用。

(二)具有混合型的人口结构

城镇社区的人口的密度要明显高于农村社区,但低于城市社区。城镇社区居民受教育程度、文化素质和人口质量明显比农村高,但比城市低。由于吸纳农村劳动力的能力较强,城镇成为农村剩余劳动力转移的场所。由于剩余劳动力的转移形式和转移状态不同,城镇人口结构表现为复杂的混合形态,有农业户口的人、非农业户口的人、在城镇居住的人、在城镇工作但不在城镇居住的人等。

(三)是介于城乡之间的城镇社区组织

城镇社区的经济发展水平和社会分工程度要高于农村社区,相应的社会群体和组织机构等与农村社区不同,依据与经济社会发展相适应一系列组织、团体及规章制度,有效整合居民及其社会群体的交往关系。比如城镇社区的组织管理机构比城市简单,运用法律法规及相关规章制度整合、控制社会的能力比城市弱。城镇社区主要以地缘为基础形成家庭与邻里关系,受血缘与宗族关系的影响和支配较少,交往中的平等性比农村社区强。

(四)具有城乡结合的社区文化和生活方式

城镇地处城市和农村之间,很多城镇居民是从农村转移来的,在卫生习惯、生活方式和价值观念等方面仍有农村传统,但又靠近城市,不可避免地要受到城市经济、文化、社会生活的渲染和熏陶,在城市和农村两方面的影响下,城乡两种文化、生活方式相互结合与交融,形成了城镇独特的社区文化和生活方式。

(五)兼容城乡产业的多元化城镇经济

城镇的生成和发展,必须有自己的经济基础,城镇往往利用自身的自然资源和区位优势,发展兼具城乡产业特点的旅游业、加工业、养殖业等多元经济。

小城镇社区管理是为了维持小城镇社区生活健康有序运行,促进社区发展,实现社区职能和社区工作目标所进行的管理活动。

社区管理的方法和手段多种多样,其中最基本的就是行政手段、法律手段、服务手段和科技手段。行政手段就是依靠行政权威,通过带有强制性的行政规范、行政指令、行政计划、行政动员等方法达到管理目标,实现社区的管理职能。法律手段就是以法律权威实现社区的管理职能,可以通过法律法规的执行,司法诉讼程序的运用等方法实现管理目标。现代管理的基本要素之一就是服务,服务手段在社区管理中具有更为重要的作用,这主要就是指通过公共性事务的管理服务和专业性的社会服务等各种各样的社会公共服务,实现社区的管理职能。为了提高社区管理的水平,更好地管理社区,需要在社区管理中运用科学技术,比如采用先进的科技管理设备和科学的管理思想等。

二、社区文、教、卫生建设与管理

(一)社区文化建设与管理

社区文化是构成社区的基本要素,是社区内在凝聚力的根基。社区文化是指在一定地域内,人们在长期的生产、生活实践中形成的价值观念、道德规范、生活方式、社会风尚、行为模式、地域心理等体现社区居民共同性的各种社会文化现象的总称。

社区文化是一种区域性的社会文化,是整个社会大文化的组成部分，具有一般社会文化的共同属性，又有着自身的区域属性，它由社区成员共同创造、共同分享、共同传承。社区文化是社区生活的一部分，人们在共同的地域里生产、生活，组成各种社会关系，逐渐形成某种认同的社会心理、语言、思维方式、生活方式和价值观念，以及相应的风俗习惯、规范制度等，并随着社区的发展社区文化也形成和发展起来。同时社区文化又是社区内的地域特点、人口特性，以及居民长期共同形成的经济、社会生活的反映。社区文化包括体现社区居民共同性的物质文化和制度文化以及居民的行为模式、生活方式、社会习俗、价值观念、群体意识等一系列文化现象。每个社区都有区别于其他社区的独特文化现象。

社区文化建设的内容主要有社区人文结构、人文景观、公益文化、演出文化、娱乐文化、群体文化、科普文化、专题文化和休闲文化等。

社区人文结构和人文景观是指社区居民的文化素质构成、文化意识历史积淀及其现实价值取向、社区特色的民俗和风俗传统、历史遗迹、古典建筑、绿地、雕塑等，其中社区民俗和风俗传统是一种民俗文化，主要指具有民族特色和地方特色的习俗、风俗性习惯传统等形成的文化活动，它是社会文化底蕴的体现，反映着社区的文化积淀。比如春节贴春联、元宵节赏花灯、中秋节吃月饼赏月等。公益文化是目前社区公众最主要的文化消费形式，也是社区文化中最重要的内容。公益文化通常依托各种公共文化设施和场所，比如各类公共图书馆、文化馆、广场文化等。演出文化是专业性的文化演出活动，以提供商业性的文化活动为特点，比如戏剧、演唱会、马戏、杂耍等，能丰富社区居民的文化生活，尤其是演出活动中的高雅文化艺术能提高人们的文化修养，提升整个社区文化的档次。娱乐文化和演出文化一样都以营利为目的，但同样能活跃社区生活，丰富社区文化。比如歌舞厅、公园、电影院等，这些文化娱乐设施能否满足社区公众的相关文化需求是社区文化发展程度的重要标志。群体文化是指各种群众性、自发性的文化体育活动，比如社区老年人合唱团、小天使艺术团等。科普文化是指普及科学知识的活动。比如制作展出科技展板、开展知识讲座、指导科学健身活动等。休闲文化主要是指以休闲的方式开展的文化活动。比如书法、摄影、养花、象棋、围棋、盆景等。社区商业文化是指企业为进行商品促销而举办的各类文化宣传活动，如服饰文化节、茶文化节、饮食文化节等。

社区文化的建设是城郊小城镇社区建设的重要组成部分。社区文化建设可以提高社区居民的生活质量，增强居民的社区归属感，促进社区团结，规范社区管理，为社区带来良好的秩序，满足社区居民的需要和推进社区建设全面健康地发展。

尽管由于城郊小城镇社区的人员构成比例不同、地域环境不同、特有的风俗习惯各不一样等原因，社区文化的表现形式也是各有千秋，社区文化建设的内容也各有侧重，但是社区文化建设始终是社区建设和管理的重要内容，在社区管理和建设中发挥着其特有的功能。

(二)小城镇社区教育管理

小城镇社区教育在提高社区人口素质和生活质量，开发社区内的人口资源和推动小城镇社区的可持续发展方面，发挥着难以替代的作用。社区教育是在国家的指导和扶持下，由社区组织或社区工作者在社区范围内，依托社区力量，利用社区资源，以社区全体成员为对象，以提高社区成员的整体素质和生活质量，促进社区发展与进步为宗旨的社区内各种教育活动的总和。社区教育是社会教育的一个方面，是学校教育、家庭教育、社会教育三位一体的现代教育方式，实质是教育社会化和社会教育化的统一。社区教育具有开放性、内容的多样性、形式的灵活性和社会性等特征。

社区教育是在一个特定的社区范围内由本社区组织实施的地

域性的社会化大教育，是一种开发利用本社区资源的开放学习的社区系统，为的是解决本社区的社会问题和促进社区的发展。

社会生活的丰富多彩和社会需求的多种多样，以及社区教育的对象包括社区内不同职业、不同年龄、不同文化程度的人，这就要求社区教育的内容必须要有广泛的适应性和多样化，能够满足社区居民的不同需要。在具体的教育中，教育形式不能固定不变，要采取灵活的、容易被社区居民接受的教育形式。

社区教育向社区居民传授文化知识和社会知识，培养社会技能和生活能力，发展社区成员新知识和新能力，进行社区组织工作，开展社区活动，创造社区教育方法等。这需要依靠社区内各种社会力量共同努力、协同完成社区教育，因此，就具有了明显的社会性特征。

社区教育内容的选择不仅要依据国家的相关法律法规和党与国家中心工作的需要，还要根据社区生活和社区居民的实际需要来确定。

思想道德教育是社区教育的基本内容。主要是进行爱国主义、社会主义、集体主义教育，这是思想道德教育最基本、最起码的内容。通过各种教育活动，培养和激发社区居民热爱祖国、懂得并接受社会主义思想和理论，树立牢固的集体主义观念。此外，还要加强尊老爱幼等中华民族传统美德和社会公德教育。

文化科学知识的教育是提高居民文化素质的重要手段，社区教育的一项重要内容是向社区居民普及科学文化知识。进行环境保护教育、增强人们的环境保护意识，对社区居民进行广泛、深入的民主和法制教育都是现代社区教育的重要内容。

现代社会，人们越来越关注身体健康，社区教育应该进行相关的健康教育，比如开展健康知识讲座，倡导健康的生活方式、进行心理咨询和疏导等。

随着社区居民物质生活的丰富，社区教育中艺术教育部分也应该得到加强，引导成立各种艺术组织，举办各种艺术展览，开展各种雅俗共赏的艺术活动，培养和提升社区居民的文化艺术修养。

此外还可根据社区成员的不同需要进行职业培训、家庭教育等。

社区教育是与社区发展密切联系的教育活动，通过社区教育，可以优化教育的社会环境，提高社区成员的素质，增强社区凝聚力，改善社区的文化环境，促进社区管理和建设。

（三）小城镇社区卫生建设与管理

城郊小城镇地处城市郊区，卫生医疗制度不及城市完善，而且很多小城镇居民还带有农村的卫生习惯，社区居民卫生条件的好坏，直接关系到社区居民的身体健康和工作能力。所以，加强城郊小城镇社区卫生服务站点的建设，积极开展社区卫生服务，方便群众就医，不断改善社区居民的卫生条件是社区建设和社会发展的重要内容。

社区卫生是指由社区机构及相关部门在政府的领导下，依靠社区各方面的力量，利用社区现有的卫生资源和优势，向社区居民提供疾病预防、医疗和康复服务、健康教育、保护和改善居民健康及计划生育技术服务等范围广泛的综合性卫生保健活动的总称。

当前城郊小城镇社区卫生建设的主要内容是在上级卫生机构的指导下，依托现有城镇基层卫生机构，建立并完善社区卫生服务站（中心），通过这些社区卫生机构，根据居民的需求，不断扩展和完善社区服务的功能，及时提供适宜的全方位的服务。

社区卫生包括疾病预防、健康教育、社区医疗和护理、卫生保健、康复、计划生育等。

健康教育是社区卫生服务的一个重要内容。它通过对不同的人群进行预防因素和促进健康的教育和培训，提高居民自我保健意识和技能，转变居民的健康观念，提高居民的生活质量和健康水平。

社区疾病预防是社区卫生建设的中心。社区卫生服务站建立社区预防体系，监测和控制传染病的发生、流行，依靠社区各部门的力量，采取各种措施控制或消灭致病因素对健康人群的危害。同时还要加强社区环境保护，减少社区污染，营造良好的生活条件，坚持体育锻炼，坚持健康教育，纠正不良生活习惯。

社区保健涉及社区全体居民，针对不同的人群和对象，对其生理和心理卫生提供保健服务。具体又可分为包括计划免疫、合理营养、健康体检、体育健身指导、社区不良生活方式的纠正等内容的社区保健服务、社区儿童保健、社区妇女保健和社区老年人保健。

社区康复是以社区为基地，依靠社区自身的力量和技术，向病人提供医疗，消除和减少病人因病、伤等造成的功能障碍，最大限度的恢复其生活和劳动能力。主要有精神疾病及弱智病人的康复、身体残疾人康复、聋儿语训等。

社区计划生育技术服务是配合我国计划生育的基本国策，在社区中普及计划生育知识，为开展计划生育和控制人口增长提供相应技术服务，提高人口素质，改善人口结构，促进人口与经济社会协调发展和实现可持续发展的目标。同时要加强社区流动人口的管理。

举案说明　广东省东莞市长安镇（全国 2004 年千强镇第三名）

该镇充分利用毗邻深圳和香港的优势，挖掘潜能，以抓外源型经济为突破口，以农村城市化为发展目标，推进“从农业向工业、从农村向城市、从农民向市民、从村组管理体制向社区管理体制”转变的“四个转变”。

第一，农村向城市的转变。从 1986 年起，该镇按照“高起点规划、高标准建设、高效能管理”的思路，根据“城镇进圈、工业进园、民宅进区”的“三进”用地原则，对居住区、工业区、商业区等进行了统一规划布局。至 2004 年，该镇共邀请专家、学者先后制定了 10 多个城建规划，并 5 次对《长安镇总体规划》进行修编完善。经过十几年的规划建设，该镇已建成二级标准以上公路 200 多千米，设施一流的公办中小学及幼儿园 26 所，医院 5 所，高档影剧院 7 家，以莲花山郊野公园、长安公园、长安广场等为主体的 40 多个休闲景区、景点遍布镇中心区及各村。全镇绿化覆盖率 40.2%，道路绿化覆盖率 100%。

第二，村组向社区的转变。该镇以村、组为单位建设了许多农民新居，均实行封闭或半封闭式的小区化管理，治安、绿化、环卫等统一由村委安排，并在小区内兴建了文化、娱乐和商业等设施。各村每年都有固定支出用于村组文化建设，大多数的村成立了醒狮队，闲暇时间和节假日进行比赛和表演。2004 年，该镇全面进行了村委会改居委会和农村股份合作制改革工作，于 2004 年底基本完成，全镇 12 个农村村委会和 1 个居委会全部改制为社区居委会，并于 2005 年 1 月全部挂牌。

第三，农民向市民的转变。该镇坚持通过开展“文明户”、“文明村”、“文明社区”、“无毒社区”等创建活动，以及“大办教育、办大教育”来引导群众求知、求乐、求美，倡导健康、文明、科学的生活方式。一些村还通过与大学联合办班的方式，提高干部和青年的文化素质。2005 年 1 月全镇 13 个村(居)委会全部改制为社区居民委员会，所有村民也都由农业户口转变为非农业户口，标志着所有村民都告别了农民身份和农村生活，步入了城镇居民的行列。

[资料来源：根据“全国千强镇典型案例解读”资料改编．中国政务信息网(www.ccgov.org.cn)2005.9.23]

三、社区治安管理

社区治安管理，是指社区政府及其职能部门，依靠社区力量，协同公安、司法机关，强化社区控制手段，对涉及社区的社会秩序和人民群众生命财产安全问题依法进行治理，维护和促进社区秩序和安宁的活动。

（一）社区秩序管理

主要是社区公共秩序的管理，包括对影剧院、俱乐部、文化馆、舞厅等公共娱乐场所和车站、公园、广场、中心街区、集贸市场等公共场所的秩序管理；对破坏公共娱乐设施和破坏园林绿地、停车场、路灯等公共设施的管理；对破坏公共卫生、使用音量过大器材影响社区他人正常工作和休息的行为，制造、租售、传播淫秽物品和卖淫嫖娼等进行管理。社区社会秩序管理还包括查禁“黄、赌、毒”，制止封建迷信活动，收容乞丐、无业游民，管理精神病患者等。社区生活秩序的好坏很大程度上取决于公共秩序治理的好坏。

（二）户口管理

社区治安管理是建立在社区户口管理基础上的，社区户口管理主要包括户口登记、户口迁移、户口调查、户口档案、流动人口的管理、人口卡片管理、人口统计等工作。

（三）社区公共安全管理

包括对枪支、弹药、雷管、刀器、爆炸物品以及易燃易爆等物品的安全管理，对在社区非法搭建和出租违章建筑、擅拉电网、使用气枪在社区射击、损毁消防栓等危及公共安全的活动和行为进行管理。

(四)特种行业管理

特种行业是指经营业务容易被违法犯罪分子利用藏身、落脚或进行伪造、销赃等违法犯罪活动的行业。包括旅馆业、印铸刻字业、旧货业等行业。主要管理内容有负责开业审批、登记及安全检查等。

(五)交通道路管理

这是社区治安管理的重要业务。包括车辆管理、机动车驾驶员管理、路面安全设施管理、交通指挥、交通安全宣传等工作。

(六)消防管理

主要包括:制定消防规则、办法和技术规范,进行消防安全宣传、定期检查消防器材和消防通道,消除火灾隐患,指挥火灾的扑救工作等。

此外,社区治安管理还涉及到法制教育、人民调解、教育感化违法和轻微犯罪的青少年等内容。社区治安管理牵扯到社区居民生活的方方面面,是一项复杂的社会系统工程,需要全社区力量的广泛参与和支持。

四、社区保障与社区服务

(一)社区保障

社区保障是社会化保障体系的重要组成部分,是继续推进我国社会保障制度改革的一个重要领域。它是指社区依据有关的法规和政策,运用社区资源,在社区范围内履行其社会保障的职能。社区保障作为社会保障体系的组成部分,通过在社区实施国家的社会保障制度和政策，发挥调节社会分配、维护社会稳定和安全等社会保障的一般功能，表现出社会性、强制性、互济性、福利性等社会保障的基本特征。

作为承担和实施社会保障的城郊小城镇社区保障还具备地域性、补充性和服务性等自身特点。

社区保障是在一定的区域范围内履行其社会保障职能的，保障和服务的基本对象是其社区居民，社区保障范围限定为社区区域，呈现出明显的地域性特点。而且，不同社区有各自的实际情况，保障需求不同，需要解决的社会保障问题也不一样，社区除国家和社会外，自身可用于保障的资源各不相同，在开展社区保障时也需要社区针对区域的特殊性，发挥其区域性社会保障的功能。

社会保障制度的社会性决定了社区需要运用自身的资源，发挥其对整个国家社会保障制度的补充作用。

社会保障体系不仅需要资金保障，还需要服务保障，社区保障也不例外。我国城郊小城镇人口较多，有很强的社会保障需求，但是经济发展水平较低，社会保障资金相对短缺。在此状况下，依托社区特有的服务资源优势，发展针对性的社区福利服务和居民的互助服务，可以弥补保障资金的不足，增强社会保障的整体功能，提高社区的公共福利水平，满足社区的保障需求。

我国城郊小城镇社区总体发育水平还不高，社区保障的资源和设施有限，社区保障管理的水平较低，这阻碍着社区保障责任的有效履行和社区保障功能的发挥。需要大力推进城郊小城镇发展，加强社区建设和发展，并发展和完善社区保障体系。

(二)社区服务

社区服务是指在政府的倡导和扶持下，为满足社区居民的各种需求，提高社区居民生活质量，增进社区公共福利，以基层社区和社会服务机构为主体，以社区成员的自助、互助为基础，发动社区力量开展的各种具有社会福利性质的服务活动。

社区服务具有福利性、群众性、多样性和互助性等基本属性。社区服务的根本特征是福利性。作为社会福利性和公益性事业，社区服务是一种救助性基本生活服务，其宗旨是要提高社区成员的生活质量、增进社区公共福利，服务对象主要是社区内最需要帮助的人，包括弱势群体、优抚对象等，采取无偿服务或有偿服务的方式，其中大量的服务是无偿的，对全体社区居民提供的有偿服务也不以盈利为目的，而是为了更好地做好社区服务工作。此外，许多服务设施的建设和服务项目的开展是政府投资与社会资助的，同样体现着公共福利和社会公平的原则。这都体现着公共福利和社会公平的特征。

社区服务以全体社区成员为服务对象，通过系列化、多样化的服务内容，满足群众多种需求。社区服务实质上是一种群众性的自助互利服务行为，离不开社区群众，只有依靠广大居民群众，社区服务才能获得发展进步。

社区服务是一项综合性的、复杂的社会系统工程，服务内容、服务对象和服务方式等都是多样化的。从服务对象来看，社区服务涵盖了老年人、青少年、特殊群体、普通居民等社区全体成员；从服务内容看，社区服务紧密联系居民的日常生活，既有物质生活服务，也有精神文化生活服务；从服务方式看，社区服务有家政服务、便民服务、大众服务、特殊型服务等各种形式。

社区服务建立在社区居民互助互济的基础上，社区内的居民既是社区服务的参与者，也是社区服务的受益者，社区与居民之间、居民之间相互的互助服务等都有助于增进居民间相互了解和感情交流，增强社区意识。

根据城郊小城镇的实际情况，可以借鉴各地城市社区服务建设，因地制宜地开展以下几个方面的社区服务：社会保障性的福利服务、面向全体居民开展的便民利民服务和其他服务。

1. 社会保障性的福利服务 这主要包括为社区民政优抚对象、孤老残幼等特殊的社会群体提供的福利服务，主要是无偿的和低偿的服务。为老年人服务包括建立养老院、托老所、老年人公寓、老年庇护所、老年婚姻介绍所、老年活动中心、老人文体协会、老年人医疗保健站、老年人康复中心、老年人康复门诊、老人心理咨询站、老人家政服务和老年人学校等。为残疾人服务包括提供残疾人就业服务、残疾人教育培训、残疾人医疗站、精神病人康复中心、残疾人婚姻介绍所、弱智儿童启智班、残疾儿童寄托所等，为残疾人提供社会福利，不仅是社区服务的一个重要方面，更是衡量一个社会文明与进步的标志。为儿童、青少年服务包括婴幼儿家政服务、托儿所、幼儿园、接送孩子、少儿活动中心、儿童医疗保健站、失足青少年帮教组、青少年活动中心等。为优抚对象服务主要是对其提供生活照料和医疗康复等服务。为贫困人员提供扶贫济困服务和为失业人员、下岗职工提供的再就业服务也是社区福利服务的重要组成部分。

2. 便民利民服务 面向社区一般居民开展的社区便民利民生活服务涉及到居民生活的各个方面，服务形式多种多样，在社区服务中占了很大的比重。主要有家务劳动服务，包括家庭保姆介绍、代买菜、洗衣、打扫卫生、护理病人、月嫂服务、看护老人、搬家货运、看护婴儿、换煤气等；居民生活服务，包括餐饮零售、洗衣店、理发店、服装裁剪店、自行车集中看放点、家电维修店、修鞋、修配钥匙等日杂服务；文化体育服务包括设立社区阅览室、社区文化体育设施等。

3. 其他服务 包括进行保卫宣传、调节社区居民间、邻里间、居民与集体之间发生的各种纠纷的社区治安调解服务，为社区群众的婚丧嫁娶提供易风移俗、建设现代社区文明的民俗改革服务等。

举案说明　围绕“五个坚持”，积极探索城镇社区建设

浙江省宁波市在巩固、完善、提高城市社区建设的基础上，从推进城乡联动、实现城乡一体化和建设和谐社会的需要出发，进一步解放思想，开拓创新，围绕“五个坚持”，积极探索城镇社区建设的新路子。

1. 坚持以规划为先导，科学制订城镇社区建设规划　宁波市制订了《宁波市社区建设规划(2004～2010)》，明确指出社区建设“要从城区和中心城市向小城镇拓展，积极推进小城镇社区建设。”各县(市)区也都立足本地实际，按照城乡一体、协调发展的原则，在充分考虑农民离土转产和外来人口流入城镇以及城镇环境容量、基础设施服务能力和城镇文化、教育、医疗卫生、商业等社会公共事业发展水平、承载能力等各方面因素的基础上，科学制订了城镇社区建设规划，为顺利推进城镇社区建设起到了积极的导向作用和规范作用。

2. 坚持以改革为动力，积极探索城镇社区体制　城市社区建设的实践，为城镇社区建设提供了值得借鉴的经验。但是，城镇社区与一般意义上的城市社区还有着很大的区别，无论是人们的身份性质，还是区域状况，都比城市社区有着更明显的复杂性。结合城镇社区现状，大胆探索城镇社区管理体制，是顺利推进城镇社区建设的关键。一是确定城镇社区类型，进行分类指导；二是落实配套政策。主要是量化集体资产，明晰产权。村级集体资产实行股份制改革，建立股份经济合作社，集体资产折股量化，社员按股分红。对一时难以完成股份制改革的，则继续保留村级合作经济组织，明确集体资产的所有权、使用权、受益权保持不变。原居委会的集体资产全部转入社区居委会，社区居委会和股份经济合作社和原村级经济合作社的财务活动实行单独建账，独立核算。此外，还改革户籍制度，放宽准入条件，凡常住户口在城镇的农业人口和在城镇拥有合法固定住所、有稳定职业或生活来源的非本镇(街道)户籍人口,均可登记为当地城镇非农业户口;三是建立社区组织体系。参照城市社区组织体系的模式,在城镇社区设立了社区居民党支部(总支)、社区居民代表大会、社区居民委员会等社区组织,基本建立了与市场经济体制、与城镇社会发展和管理相适应的,通过居民群众选举产生的基层群众性自治组织性质的新型社区组织体制。

3. 坚持以投入为重点,建立城镇社区建设保障机制 城镇社区建设是一项综合性的系统工程,必须有一系列有效投入机制作保障。一是完善领导机制。建立了城镇社区建设领导小组,把城镇社区建设摆在各级党委、政府工作的突出位置,实行一把手亲自抓、负总责;二是建立财力保障机制。县(市)、镇两级财政按每年每百户居民不低于1万元的标准,拨付社区工作经费,支持社区居委会开展社区建设工作;三是建立基础设施保障机制。城镇社区基础设施建设纳入城镇建设规划,按每百户不低于30平方米的标准配置各类公共服务设施和基础设施;四是建立共建工作机制。社区内常住农村居民、城镇居民和暂住外来人员以及机关、团体、企事业单位等组织,统一纳入社区管理范围,利用社区共建理事会、党建联席会等平台,建立共驻共建工作机制,实现社区资源有效共享。

4. 坚持以服务为宗旨,强化城镇社区服务功能 服务社区居民是城镇社区建设工作的重点,也是城镇社区建设的根本出发点和归宿。只有贴近城镇社区实际,贴近城镇居民的需求,培育并不断强化城镇社区的服务功能,努力为城镇居民提供便利、实用和高质量的服务,才能使城镇社区建设深入人心,提高广大居民参与社区建设的热情。一为加强社区服务基础设施建设。逐步建立了县(市)区、街道(镇)、社区三级服务网络。二为拓展社区服务的内容,开展了城镇居民就业和再就业服务;城镇社区服务中心和各社区服务站实现与县(市)劳动部门就业服务网络相对接,形成城乡一体的劳动和社会保障信息服务网络,开展了城镇社区医疗卫生服务;在原有农村合作医疗的基础上,加强了城镇社区卫生服务建设,依托镇卫生院设立了社区卫生服务中心,在社区设立了社区卫生服务站,开展了城镇社区卫生文体服务;在整合资源的基础上,加强了公共文化娱乐设施建设,建立了社区文化宫,组织居民经常性开展健康公益的文体活动。三为建立、健全城镇社区志愿者队伍。组织社区志愿者为残疾人、老年人等弱势群体服务。

5. 坚持以队伍为核心,建立高素质的社区工作者队伍　建立一支高素质的社区工作者队伍,是全面推进城镇社区建设的重要保障。一是配强班子。考虑到城镇社区建设起步阶段的实际情况,一方面,为了保持工作的连续性和有利于城镇基层的稳定,把那些大多数群众拥护、自身素质较高、本人又愿意到社区工作的原行政村班子成员,通过法定程序,进入新社区党组织和社区居委会工作;另一方面,从镇机关和其他领域物色能适应社区工作的骨干,经过法定程序下派到社区工作。通过这样的方式,使社区居委会在成立初期,就有一支素质过硬的社区工作者队伍。二是强化培训。由于这些社区工作者都没有社区建设的实践经验,加强对他们的培训,显得尤为迫切。通过社区建设理论辅导、城市社区工作者经验介绍和到城市社区实地考察等多种途径,来强化对城镇社区工作者的培训,使他们在较短的时间里就有了对社区工作全面、系统地了解,尽快适应了从农村工作到社区工作的转变,从村委会管理模式到新型社区管理模式的转变。

(资料来源:中华人民共和国民政部 www.mca.gov.cn,2005.12.11)

第七章　城郊小城镇如何搞好规划与建设

发展小城镇，必须高度重视规划，制定具有超前意识、着眼于未来、切合实际的规划，并严格执行规划，以达到小城镇经济、社会、资源与环境相互协调、小城镇可持续发展的最终目标。

一、城郊小城镇规划的依据

小城镇规划是城镇建设与发展的总体部署和纲领性规划，对城镇各类建设用地和各项工程进行统筹安排，作为城镇各项建设的基础和基本依据。它主要是对经济集中的镇区进行规划。小城镇规划，必须树立区域观念，着眼于区域整体而制定镇区的发展目标和建设标准。

在规划城郊小城镇时，首先应规划整个镇域如何发展。为此，要充分考虑全镇的要求与条件，查明城镇区域范围内的自然条件、资源、经济地理条件、城镇建设条件、现有经济基础和历史发展特点，在区域生产力布局和城镇体系轮廓方案基本确定的基础上，确定本城镇的地位和作用，明确城镇发展方向（包括城镇整体的发展方向和各部门的发展方向）及城镇性质，拟定城镇发展合理规模；选择城镇各组成部分（功能部分）用地，并进行合理组织和布局。同时，小城镇规划要全面分析周边的关联地区，了解小城镇的经济社会联系的覆盖范围，有些城镇的集市贸易、商业服务、文教卫生的辐射区域可以涉及到几个边界城镇，甚至还会波及到邻省。

由此看来，小城镇规划在小城镇建设与发展中发挥着重要作用。一是导向作用，使城镇功能定位、发展规模的确定、产业结构的调整、基础设施的配置等，与小城镇的基础条件、客观要求相适应。二是协调作用，使该城镇规划与所处地区的区域规划相互衔接，与周边城镇合理布局，该城镇各个产业之间，各产业与基础设施之间相互协调，还包括建设与环境、经济发展与社会发展的统筹安排等。三是促进作用，通过完善的政策性规划，加快小城镇建设进程。四是约束作用，上升为法律的规划，明确界定"准"与"不准"，对小城镇发展中的盲目、消极、甚至是破坏性的因素将起到约束作用。

二、城郊小城镇规划的指导思想

制定城郊小城镇发展规划的基本指导思想是：按照城市化发展的客观规律和建立社会主义市场经济的要求，坚持可持续发展战略，从国情、省情、市情、县情、镇情出发，因势利导，实现小城镇经济、社会、人口、资源和环境的协调发展。

具体来讲，小城镇规划的指导思想主要体现为以下几个方面。

（一）坚持可持续发展观

"可持续发展"是21世纪全球发展的主导模式，是我国实现工业化、城市化、现代化的必由之路，也是具有中国特色的城市化道路的战略性选择。我国的"十五"计划和2015年远景规划已把这个战略思想纳入其中。小城镇建设应按可持续发展的要求，科学地制定规划，使经济社会持续协调健康地发展。小城镇规划还应尽量为下一代发展创造条件，留有发展余地，合理确定用地规模，避免到处圈地、浪费用地；用地开发要有序，建一片、成一片，防止四处出击浪费资金；用地结构要有弹性和灵活性，便于与未来发展相协调。

(二)遵循城市化的客观规律

小城镇作为城镇体系的最基层单元，是位于农村的城镇型居民点，同时作为农村经济、社会、文化的中心，是农村接受城市文明、分享城市生活、培育城市意识的重要基地。因此，小城镇不仅是农村的生产中心，也是位于农村的“城市社区”，据此确定人口与用地发展规模和设施标准。中心镇的规模应尽可能达到3万～5万人，按城市观念、用城市设计的思想去建设和管理，“按城建镇”，尽量紧凑集中，集约用地，设施配套，形成整体，环境宜人，建筑和谐，从而形成不同规模的城市社区。

(三)突出以人为本的思想

一方面，通过对小城镇现实和未来生产力、小城镇功能规律的深层分析和组织，对小城镇特定的气候和地形、环境进行反复推敲及琢磨、提炼、升华，规划出居住生活紧密交融的小城镇整体布局，目前最重要的是要充分考虑生态环境规划。城镇是人、资源、环境三者复合而成的因素众多、结构复杂、功能综合的人文生态系统，只有当人与自然平衡和谐，人居环境改善，社会生态与生存环境相适应，才能实现城镇生态环境的良性发展。为城镇居民创造优美舒适的生活、生存环境。

另一方面，小城镇规划要提高小城镇的城市质量，应考虑城镇人口质量、用地结构、经济水平、生活质量、环境质量、基础设施状况等，对各种资源配置的经济效益、社会效益、环境效益进行综合分析规划，力求公平、合理和高效益。

(四)以现实经济基础为依据、以经济发展为中心

1. 发展小城镇的目的是促进本地区经济的快速发展 因此，小城镇规划要以经济为中心，根据本地的社会经济发展水平和自

然、人文条件等选择小城镇的发展方向，体现地方特色，科学定位，扬长避短，突出特色。

2. 规划要有利于乡镇企业的聚集　要保证二、三产业的发展，利用经济杠杆制定小城镇控制性详细规划，功能分区要明确。

3. 小城镇规划要纳入城镇体系规划中　对于处在发展变化中的小城镇来说，远期规划必须充分考虑区域范围，要与周边乡镇、城市融合，形成网络，便于周边乡镇和城市的各项资源向小城镇流动，客观上形成对小城镇的支持体系，以利于中心镇的形成和小城镇城市化水平的提高。

4. 小城镇规划应适度超前　从小城镇的实际出发，用发展、改革的观念，保证基础设施建设和市场经济发展、社会发展的相适度。正确处理好近期需求与远期发展、局部发展与整体规划，小城镇规划发展与周边乡镇、城市规划发展的关系。

5. 小城镇规划要根据地方特色　我国的小城镇，尤其是重要的小城镇，都具有悠久的历史，与当地的自然条件、经济社会发展相匹配。因此，小城镇规划，必须深入探寻当地自然环境和人文环境特点，明确小城镇建设鲜明的地方色彩，剖析经济社会发展的阶段，分析小城镇经济、社会发展的现状和未来走向，制定出切合小城镇实际、具有自己独特的风格与特色的发展方向和建设格局，尽量避免“千城一面”、“马路集镇”。这也正是小城镇的活力所在。

三、城郊小城镇规划的基本内容

小城镇规划与建设不仅是物质空间的规划，还包含了经济发展、文化进步、社会发展及社会安全和福利保障等多方面的内容。

按规划任务要求、内容和深度的不同，城郊小城镇规划分为总体规划和详细规划两个阶段。总体规划主要包括城镇发展的依据及方向、城镇发展规模、城镇总的布局以及选定有关城镇发展的主要定额指标和重大工程措施方案等，一般总体规划有一个期限，我国一般为20年并适当考虑远景。详细规划是总体规划的深化和具体化，也就是近期规划的具体化，主要对城镇近期建设规划范围内的房屋建筑、市政工程、公用事业、园林绿化、环境卫生和其他公共设施做出具体布置。

按小城镇规划的实施程序，其基本内容可以概括为四个方面：分析条件，正确定位；明确动力，制定目标；构筑框架，合理布局；安排时序，有序发展。

(一)城郊小城镇的正确定位

城郊小城镇的正确定位，必须着眼于整个城市的市域，在市域城镇体系的基础上才能科学定位。城郊小城镇的定位，分为等级定位和功能定位两个方面。

1. 等级定位 是确定小城镇在整个市域或更大范围的城镇体系中的地位。等级定位需要从区位条件、经济社会联系范围、目前在全县特别是相邻城镇中的经济地位和未来发展的潜力中加以分析确定。首要明确的是属于中心镇还是一般镇，两者在发展目标和标准方面有着较大的差异。

2. 功能定位 是确定小城镇在整个市域城镇体系中的功能分工，以避免产业构成相同与重复建设。根据各城镇不同的区位和资源条件、经济社会基础与发展潜力确定其功能分工。需要指出的是：我国小城镇处在发展期，随着社会经济发展而变化，因此，各城镇的分工具有相对性，难以做出刚性的规定，尤其是工业部门，应根据环境容量的限制程度，再结合市场和现状确定其功能分工；小城镇功能定位尽量简单，突出其与其他城镇相区别的主要功能，如工业型、旅游型、商贸型、交通型等。小城镇的功能定位，要符合市场经济的基本原则，打破原有的行政区划，充分发挥卫星城和中心镇的“发展极”的作用，带动周边乡镇相关产业的兴起，以及周边城镇经济、农村经济的繁荣。这种带动是一种市场型带动，符合市场经济的一般规律，因而具有顽强的生命力。

（二）明确城郊小城镇发展的动力，制定具体目标

城郊小城镇是城郊农村经济社会发展的载体，也是城市部分功能的扩散地，其发展动力主要来自于经济活动的需要。明确城郊小城镇的经济动力，要正确认识当前城镇的发展阶段，不同的经济社会发展阶段，生产要素的聚集需求不同。同时，人均 GDP 和人均收入水平不同，也会影响到城郊小城镇发展的速度与规模。探寻小城镇的发展动力，重点并不在于分析现状基础，更重要的是分析规划期内可能出现的新的增长因素或增长点。因此，要深入研究资源开发的推动力，区域性交通等基础设施建设的相关性及可能带来的牵动力，城市功能扩散的可能性，现有企业及产品的市场潜力等。只有在充分分析论证各种动力及其对城镇影响程度的基础上，才能制定出合理的规划。

（三）确定小城镇的结构形态，合理布局

一般而言，小城镇规模不大，经济实力有限，小城镇发展宜以集中紧凑的“团块式”结构形态为主，即使是沿河、沿路的城镇也不宜延伸得太长，以节省基础设施投资，提高利用效率。鉴于当前着力培育中心镇，扩大其人口规模，努力按中小城市标准加以建设，常采取“撤乡并镇”的做法，即将周围的若干乡镇并入中心镇。这就出现小城镇结构形态的选择问题。一般而言，在中心镇和周围乡镇的建设用地相连或基本相连的情况下，宜以团块形态为主；中心镇接纳周围乡镇的工业和产业，以中心镇原有形态为主；被撤并的乡镇，作为中心村进行建设。在周围乡镇有一定的规模和水平与中心镇用地不足，功能需要扩散的情况下，小城镇结构形态应以“组合式”为主，以中心镇为核心，各镇承担不同的功能，通过加强

各镇之间的交通和经济联系来形成一个整体。

构筑一个合理空间布局框架，是城郊小城镇规划的核心内容。此规划应以道路网为骨干，通过用地的合理布局和有效组织，构筑一个结构清晰、联系紧密、交通便利、绿色环绕的城镇空间。在结构布局中要合理确定和安排城镇中心区。处理好旧城和新区之间的关系，行政中心具有较强的凝聚力，应选择好合适的位置；重视绿色环境的创造，布置大小不等的点、线、面的绿地；改造旧城时，注意挖掘城镇的历史文化内涵，形成别具一格的小城镇特色；还要注意结构的灵活性，便于未来的拓展与衔接。

（四）城郊小城镇的发展时序

小城镇规划期限一般在15～20年，还要适当考虑小城镇的发展前景。对于受城市影响处在快速发展变化中的城郊小城镇来说，规划只是一种框架，一种引导，一种可持续发展的控制。根据小城镇规划的直接指导作用，合理安排由近及远的开发时序和近期建设至关重要。

确定开发时序的依据，主要有当前城镇发展和建设中的主要矛盾、产业和功能发展的渐进性、用地的联系性和结构的灵活性、开发的难易程度、资金投入量和来源、区外条件关联性等。

四、城郊小城镇规划的原则

（一）微观规划与宏观布局相结合

城郊小城镇是农村经济连接城市的纽带和桥梁，从而构成城市——城郊小城镇——农村的经济网络体系。城市的辐射带动作用，总是由近及远、逐渐、分层次地扩展，一般先传递给小城镇，再由小城镇通过自身功能传递给农村，进而带动农村发展。因此，在小城镇规划过程中，要按城乡区域一体化的规律，选择城乡之间合适的地理位置布点，既符合小城镇周围农村群体的宏观布局，又能把城市的经济和文化优势与农村人力、物力优势更好地结合起来，促进城乡一体化发展。此外，科学的城郊小城镇规划，还应同城市经济社会发展战略及长期规划相衔接，成为它的重要组成部分；局部的小城镇发展规划，应同上一层次更大范围的小城镇发展规划相衔接。

（二）近期规划与长期规划相结合

城郊小城镇的发展，受农村专业化、社会化、商品化发展程度的制约。因此，近期内城郊小城镇必须根据其农村经济发展的实际水平来确定其发展方向和规模。在小城镇建设中，立足于本地实际，首先考虑选择那些投资少、见效快、群众急需、经济效益和社会效益都较好的项目；还可以选取那些农民进城、职工集资办起来的有发展前途的小项目，使小城镇建设与发展尽可能合理化。在小城镇规划过程中，要克服急功近利的心理，短期内追求完整规模的小城镇，防止“贪大求洋”与“拔苗助长”。然而，对一些较有发展前途的小集镇，要有长远眼光，尽可能地发展为大城镇。在制定城郊小城镇建设的总体规划时，以城市为依托，着眼于城郊小城镇的未来发展，布局各种类型的城郊小城镇，重点发展一批具有综合功能和强大生命力的小城镇。因此，城郊小城镇的规划，要求将其近期发展与中长期发展有机结合，充分考虑小城镇联系周围农村的范围大小、人口多少、近期经济发展水平与中远期发展水平等因素，进行科学的规划与布局，正确地确定小城镇发展的方向与合理规模。

（三）整体规划与特色规划相结合

城市地形不同，其社会经济水平不同，对其市域范围内的小城镇建设应采取不同的战略规划。经济实力较强、商品经济较发达的平原城市,其人口密度较大、文化发达,其城郊小城镇建设可适度扩大现有规模,实行扩散型战略,形成一个空间更为合理的多核分散型的空间结构,增强城郊小城镇的整体功能。经济实力薄弱、商品经济发展缓慢的山区城市,其人口密度相对较小,文化落后,交通不便,其城郊小城镇建设应采取中心成长型战略,近期内不宜扩大规模,而把主要资金用于城市自身的发展。介于前两者之间的丘陵地区的城市,社会经济状况介于平原城市和山区城市之间,其城郊小城镇建设应采取扩散型战略与中心型战略相结合的方式,在加强城市建设的同时,有计划地发展一批条件好、发展潜力较大的城郊小城镇。

小城镇特色是小城镇内在素质的外部表现,是地域的分野与历史文化的积淀,有多种多样的内容与形式,有历史的、传统的特色,有民族的、地方的特色,亦有新兴的、时代的特色。小城镇规划设计中如何顺应、利用和突出历史文化或地方特色,形成城郊小城镇自己的特色,关键要切实把自然因素、社会因素、人工因素有机结合起来,因地制宜地创造出小城镇的特色。

(四)总体规划与实现社会、经济、生态目标相结合

全面建设小康社会是我国经济社会发展的总目标,要求经济更发展、民主更健全、科教更进步、文化更繁荣、社会更和谐、人民生活更殷实。发展小城镇的根本目的,就是消除城乡对立与差别,实现城乡一体化,这是小城镇发展的首要目标。因此,在城郊小城镇建设中,要切戒短期行为,服务于人们的生产生活,规划好城镇居民的工作就业、生活居住、休息、交通等各种服务设施。同时,要注意对城郊小城镇文化内涵的发掘,坚持“两个文明”一起抓,发展经济繁荣、环境舒适宜人、社会风气良好的新型小城镇。因此,小城镇规划应突出文化建设,改变“小城镇建设就是工业区开发”的

片面观念，注重文化内涵的发掘。小城镇社区文化的内容涉及历史传统、风俗习惯、健康的生活方式、现代文明、社会主义精神文明等。小城镇文化建设，要求既具有提高居民的思想道德素质、科学文化素质和健康素质的现代文化，又要求继承和发扬我国古朴的优良传统文化。对一些历史悠久的小镇，通过发掘历史文化和保护自然生活环境，在小城镇规划与建设中注重时代精神、民族传统与地方特色融会贯通，创造出植根于民族和地域文化的更丰富的社会主义文化。

此外，近几年部分小城镇在建设过程中，出现了大量环境污染、生态失衡、资源破坏等现象。因此，生态问题在小城镇发展中必须摆在十分重要的战略位置上。小城镇规划应突出小城镇可持续发展。小城镇的可持续发展，包括社会、经济的繁荣与发展，文化遗产的继承与维护，生态环境的保护，小城镇风格的多样性与居住成员参与城镇管理的能动性等多方面内容，其核心是资源的永续利用和动态平衡。

五、城市郊区小城镇规划与建设应处理好的几个关系

小城镇规划与建设要注重可持续发展，把小城镇生态环境与人工环境结合起来进行设计，充分体现安全性、生活便捷性、环境舒适性、经济性、生态持续性等原则，建设现代生态城，实现人与自然的高度和谐。

（一）处理好小城镇建设与自然的协调关系

生态环境质量直接影响着小城镇的发展规模与速度。因此，小城镇规划要处理好建设与自然的协调关系。立足于小城镇自然条件和生态环境的承受能力，充分考虑人类对其合理改造和利用

的可能性，减少小城镇规划的盲目性，真正实现小城镇可持续发展。

（二）处理好发展与自然的理性关系

如上所述，经济目标是小城镇发展的基础和中心目标。但在市场经济条件下，人们往往过于强调小城镇的经济发展，忽视了生态保护。自然资源是生产力发展的物质基础，破坏生态平衡，必然导致生产力的下降。经济增长不等于经济发展，单纯地追求 GDP 的增长，只有增长速度，没有质量和效益，最终也会成为制约经济发展的瓶颈。由此，制定小城镇发展规划，要把对环境影响作为衡量小城镇经济发展和生产力发展水平的重要指标。基于这一点，小城镇规划要注重协调发展，处理好发展与自然的理性关系。在发展方针上，重视社会经济与资源生态综合布局，将资源开发和维护生态统筹规划；在发展目标上，注重提高生活质量和改善生态环境；在经济政策上，确保环境经济政策与其他门类政策相融，疏通发展与保护的通道；在消费方式上，倡导节约资源，适度消费，低耗生产，持续增长；在政策法规上，建章立制，以保护生态系统的诸多方面，确保法规的落实；在产业布局上，注重产业结构优化，注重以高新技术为先导、第三产业为新支柱的发展战略，使单一粗放消耗型经济转变为质量效益集约型经济。环境与发展总是有机地联系在一起。

（三）处理好人与自然的审美关系

随着经济与社会的发展，人民的生活质量意识显著提高。这就要求小城镇规划要解决好人与自然的审美关系。小城镇是经济和文化双重发展的结果。城镇面貌的形成依赖于历史的积淀，建筑的更新反映着文化的变迁。因此，一个小城镇的发展要特别地体现民族风情、地域特点、文化传统。

综上所述，小城镇的发展规划，不能单纯着眼于经济发展，更要注意可持续发展。借鉴并吸收国际先进的经验、技术和资金，促进我国小城镇可持续发展，真正实现“人与自然的高度和谐”。同时，利用各种宣传媒介，采取多种教育形式，广泛宣传有关的法律、法规，提高公民的可持续发展意识和守法自觉性，使可持续发展思想及相应的科学技术广泛地渗透到群众生活中，自觉意识到生态环境的优劣，产生责任感、崇高感和使命感，自觉维护生态环境。通过发展小城镇，提高人口素质和农村居民生活质量，实现社会、经济、人口、生态环境的全面、协调、可持续发展，把小城镇建设成高效率、高文明、高法制、高发展的新型城镇。

举案说明　北京市昌平区小汤山的小城镇规划与建设

小汤山镇是京北重镇，素有“泉古镇”之美称，西北距昌平卫星城 10 千米，南距亚运村 17 千米，东距首都机场 16 千米。此镇曾是明清两代皇帝沐浴的行宫，自古就有“洗桃花浴”之说。小汤山温泉历史悠远，早在元代就把小汤山温泉称“圣汤”。慈禧太后在此特建御池。

目前根据昌平区总体发展规划，小汤山镇位于昌平区的东线商业带(立汤路沿线商业带)，这一商业带即将发展成为昌平区的“银色商业带”，小汤山作为其中的 3 个集镇之一，由于具有较好的区位优势，有着良好的发展前景。1994 年，小汤山镇被北京市政府确定为全市十个小城镇建设试点之一；同年 12 月小汤山镇被建设部确定为全国 500 个小城镇综合改革试点镇；2001 年被中宣部、中央文明办确定为“全国创建文明小城镇示范点”，是旅游、度假、康复、疗养胜地，是无污染的自然领地。

在北京市场上，生态农业、都市休闲、康复疗养的旅游需求旺盛，而小汤山所具有的丰富的地热资源又十分适宜发展上述旅游项目。小汤山镇制订了小城镇建设目标：建成集旅游、度假、康复疗养、观光为一体的旅游重镇。到 2008 年，小汤山的旅游收入将突破 13 亿元，每年接待游客将达到 300 万人。为了实现这一目标，科学地评价资源特色及优势，充分挖掘资源潜力，小汤山镇制订了温泉资源开发利用的中长期规划，拟通过限制开发及推广回灌技术，逐步实现温泉的合理开发、梯次利用，以确保旅游业的可持续发展。同时，筹备成立了“小汤山”温泉研究学会，专门研究如何更加合理地开发、利用小汤山的温泉资源，深入研讨温泉的文化内涵，发掘温泉经济更大的潜力，打造温泉旅游品牌。

已建成的小汤山龙脉温泉，富含多种矿物质和微量元素，对许多病症有特殊疗效。全部采用地下的温泉水，水温常年保持在 28℃～32℃。内设国际游泳池、跳水池、嬉水池，配以高温浴、牛奶浴、中药浴、理疗按摩、阳光酒吧、台球、水球、迪厅、KTV 包间等娱乐项目。龙脉温泉娱乐宫采用立体网架结构高大壮观，是亚洲最大的室内温泉游泳馆，建筑面积 1.4 万平方米，可同时容纳2 000人。场馆内设国际标准游泳池、跳水池、嬉水池、高温浴池、养生浴池等，还设有跳水、漂流、冲浪、高山滑道等独具特色的娱乐项目。温泉宫旁新建的康乐宫内，设有 30 条高级保龄球道、豪华射箭馆、室内网球、羽毛球馆、沙狐球、台球、乒乓球、游戏机、梦幻歌舞厅等现代化娱乐设施；室外还有垂钓、跑马场等娱乐项目。

小汤山镇的军都山滑雪场，离北京市区约 30 千米，是目前华北地区最大的滑雪场，也是一个以休闲运动为主，集娱乐、餐饮、住宿为一体的大型休闲场所，拥有 14 万平方米造雪面积、从初级到高级的宽阔雪道，以及为游人特设的趣味障碍道、雪地摩托车越野道、初级练习道等，各种设备、雪具和配套设施以及专业教练一应俱全，每天可接待游客达 6 000～10 000 人。

第八章　如何评价城郊小城镇的发展

一、城郊小城镇的发展是否越快越好

城镇化是人类生产和生活方式由农村型向城镇型转化的历史过程，通常以城镇人口占总人口的百分比这一指标衡量城镇化水平。城镇化速度就是由于人口向城镇集中或迁移的过程，不仅包含了人口的迁移，还包含了经济、社会、空间等多方面的转换，而且，城镇化还包含 4 个方面的含义：一是人口的转换，即农业人口向非农业人口的转换；二是地域的转换，即由于城镇数量增多、城镇规模扩大（包括城镇自身的不断发展和完善），农业用地向非农业用地转换；三是经济结构的转换，即生产要素特别是劳动力和资本等从农业向非农产业转换；四是生活方式的转换，即由农村生活方式转变为城镇生活方式，包括农村的现代化过程。

（一）城郊小城镇的发展要一步一步地走

城镇化是一个综合的发展过程，可以划分为不同的发展阶段，需要每个阶段一步一步地走。

1. 城镇化的阶段性　对于城镇化的阶段性，国内外学者的观点主要可归纳为如下几种：一是按城镇化水平的差异，将城镇化发展阶段划分为城镇化初期阶段（城镇化水平低于 30%）、城镇化中期阶段（城镇化水平 30%～70%）和城镇化后期阶段（城镇化水平高于 70%）；二是按城镇化的空间形成演变，将城镇化发展阶段划分为核化阶段、大城镇化阶段和地带性城镇化阶段 3 个阶段；三是按城镇体系的时空演化形式，将城镇化发展阶段划分为市区化阶段、郊区化阶段、带状化阶段和网络化阶段4个阶段；四是还有的学者按人口的流向和再分布形式或城镇发展周期规律，将城镇化发展阶段划分为城镇化、郊区化、逆城镇化和再城镇化4个阶段。郊区化的主要特征是在城镇地区内首先是人口相对分散，即城镇中心地区的人口增长率降低而围绕着城镇中心的周围地区的人口增长率上升，然后是绝对分散，即城镇中心地区和中心以外的周围地区的人口增长率均降低。逆城镇化的主要特征是人口从向大城镇地区迁移转变为向小城镇、城镇和农村地区等非大城镇地区迁移。再城镇化的主要特征是大城镇区域出现人口减而复增的趋势；五是按照城镇人口增长规模与总人口增长规模的比值的大小，即城镇人口增长系数(K)，将整个城镇化过程划分为5个阶段。第一阶段：$K<0.5$，为前城镇化阶段，城镇化水平很低，增长缓慢。第二阶段：$0.5<K<1$，为城镇化前期阶段。$K>0.5$意味着城镇人口的增长规模持续超过乡村人口的增长规模，这是城镇化过程中的第一个重要转折点，意味着城镇化开始进入快速增长时期。第三阶段：$K>1$，城镇化的中期阶段。$K>1$意味着总人口的增长全部表现为城镇人口的增长，乡村人口的绝对规模开始由上升转为下降态势。第四阶段：城镇人口比重≥50%，初步进入城镇社会。这表明城镇人口绝对量超过乡村人口，意味着该国家(或地区)已经初步实现城镇化。第五阶段：城镇人口比重≥65%，进入成熟的城镇社会。这时进入后工业化社会或现代社会，实现了城乡一体化；六是也有学者把城镇化的进程分为6个阶段：史前阶段，城镇化率为10%以下；起步阶段，城镇化率为10%～20%；加速阶段，城镇化率为20%～50%；基本实现阶段，城镇化率为50%～60%；高度发达阶段，城镇化率为60%～80%；自我完善阶段，城镇化率达到80%以上。

2. 发达国家、发展中国家城镇化的进程及速度 我们可以从全球城镇化的进程及速度来了解城镇化发展的阶段性及渐进性。

在1800年时，世界城镇人口占总人口的比重只有3%，发展到1900年，世界城镇人口也才达到14%。经过1900年至2000年这100年的发展，城镇人口比重达到了55%，人类历史上第一次出现了城镇人口超过了农村人口的情况。2001年全世界平均城镇化水平已经达到47%。

第一，发达国家现代意义的城镇化开始于英国工业革命，各国总体上从19世纪中后期到20世纪初开始步入城镇化的初期阶段。

西欧各国城镇化速度不同，城镇化水平各有差异。18世纪60年代的产业革命促使了城镇化的发展。进入19世纪以后，城镇化明显加快。在随后的几十年间，大多发达国家已经过了城镇化的初始阶段、高速发展阶段和成熟阶段。

美国是发达国家城镇化发展较早的国家之一，1790年时美国城镇人口只占总人口的3.4%。19世纪初，美国开始工业化进程。到1890年城镇人口比重达到31.5%左右。1920年，美国城镇人口比重达到47.1%，已进入城镇时代。发展到20世纪中后叶，美国城镇化水平不断提高，1950年的城镇化率为54.5%，1990年的城镇化率已达到71.2%，到2000年时，城镇人口的比例高达77%以上。从1790年至2002年，美国城镇化的年均增长速度为0.36，城镇化速度很快。总体来看，美国的城镇化速度在1840年至1930年间呈直线增长，在20世纪30年代的经济大萧条期间城镇发展较慢，20世纪40年代以后城镇发展呈平稳增长，并且趋于饱和。

日本城镇化起步晚，速度很快。日本城镇化开始于明治维新时期，城镇化进程比较慢，直到1940年，城镇化水平仍落后于当时欧美工业化国家。由于日本城镇经济飞速发展，只用了几十年时间，已达到了西方发达国家的城镇化水平。1920年，日本城镇人口只占总人口的18%。发展到1940年，城镇人口占总人口的比重上升到37.7%。但是日本在二战后大力推进工业化政策，城镇化也进入加速期。到1975年，日本城镇化水平已达到75.9%，实现了人口城镇化。1980年，日本城镇人口占总人口比重为76.2%，1990年则为77.4%，2000年日本城镇人口比重为79%。

总体来看，发达国家城镇化的过程是随着工业化的过程发展起来的，城镇化呈现出地区差异性，工业化速度快的国家，城镇化速度也比较快，城镇化水平也高。

第二，与发达国家相比较，发展中国家的城镇化起步比较晚，城镇化历史较短。由于多数发展中国家都曾是发达国家的殖民地，18世纪60年代的产业革命对其影响很小，一直到二战前，发展中国家城镇化的发展都比较缓慢。有资料表明，从1800年至1930年，发展中国家的城镇人口只由3 000万人增加到1.35亿，而农村人口却由6.7亿增加到11.67亿。自1950年，发展中国家城镇化进程不断加快。有关资料表明，1950年至1985年30年间，城镇人口比重也由17.3%增加到31.7%，而且仍以相当高的加速度发展。

发展中国家在城镇化的过程中，大城镇人口增长的速度特别快。在过去的二三十年间，有些发展中国家的大城镇平均人口增长率超过4%。1950年，世界上只有纽约和伦敦两座城镇的总人口达到800万以上，而到了1970年就有11座这样的城镇，其中有5座属于发展中国家。目前世界15座最大城镇中分别有11座在亚洲地区，两座在拉丁美洲和加勒比海地区，一座在非洲地区，只有一座在北美洲。在100万以上人口的大城镇中，发展中国家从1950年的24个增至1985年的147个，而发达国家仅由51个增至126个，前者的发展速度明显高于后者。根据联合国统计，目前世界人口的20%集中在世界各国的78个人口超过400万以上的大城镇，而这78个大城镇中有一多半在发展中国家。根据联合国的预测，从1950年至2030年，发达国家的城镇人口将由4.46亿增加到10.15亿，而发展中国家的城镇人口将由3.04亿增加到40.2亿，二者分别增加2.28倍和13.49倍。

可见，发展中国家城镇人口增加速度较快，远远的超过了发达国家的城镇化速度。随着进一步的发展，在世界范围内，城镇化水平的地区差异将不断缩小。

(二)城郊小城镇的发展要兼顾速度和质量

城镇化是社会进步的标志。与工业化一样，城镇化进程也表现为量与质两个方面。一方面是城镇化率，可以直接用乡村人口进入城镇的规模及城镇人口比重来衡量的城镇化率。另一方面是城镇化质量。推进城镇化进程，不能只看到城镇化率的提高，要合理把握进度和规模，还要重视和不断提高城镇化的质量。只有在城镇化过程中充分重视城镇化的质和量，并使两者在发展中能很好结合、相互协调，才能实现城镇化的最终目的。

1. 用什么指标来衡量城镇化的质量　城郊城镇化是城镇郊区发展素质的综合反映，体现在城镇郊区发展的各个方面。城郊城镇化质量是一个多层次的复合系统，需要用一系列的指标进行测评。

(1)第一类指标　衡量经济发展的指标，主要包括人均GDP、城郊城镇区人均可支配收入、农民人均纯收入、非农产业增加值占GDP比重、非农业就业人口占就业总人口比重、非公有制企业产值占GDP比重、外贸出口依存度、每1 000人拥有的科技人员等8个指标。

(2)第二类指标　反映设施环境水平的指标。设施环境是经济现代化的重要方面，主要包括公路网密度、城镇区人均拥有铺路面积、城镇区集中供热率、城镇区绿化覆盖率、城镇区污水排放达标率、城镇区生活垃圾无公害化处理率、城镇区空气污染指数二级及好于二级的天数占全年天数的比重、已通沥青路面(或水泥路面)的行政村比重、村庄路面硬化率等 9 个指标。

(3)第三类指标　反映人民生活水平的指标,主要包括恩格尔系数、上大学人数占适龄青年的比重、公共教育经费占 GDP 的比重、九年制义务教育普及率、人均住房面积、信息化综合指数、城镇区燃气或用电做饭普及率、百人汽车拥有量、自来水普及率、人口平均预期寿命、人口自然增长率等 11 类指标。

(4)第四类指标　反映社会进步水平的指标,主要包括基尼系数、城镇区人口占总人口比重、社会保障覆盖率、每万人刑事案件立案数、每千人拥有医生数、农村各级政府直接选举率等 6 类指标。

2. 如何来提高我国城郊城镇化质量　目前,我国城镇化水平还比较低,但城镇化速度较快。在推进城镇化进程中,我国城镇化的质量从总体来看还是比较低。而且,衡量城镇化的指标很难反映城镇居民的道德观念、责任感、进取心、纪律性及城镇管理的规范性和科学性等软环境质量,社会在一定程度上还不是很成熟。此外,我国城郊城镇化发展呈现出很大的差异性,各个地区的城镇化水平不同,城镇化质量更是高低不一。如果我们只注重提高城郊城镇化率,盲目增加城镇居民人数,忽视城镇产业结构调整,未能开拓就业门路和增加就业岗位,城镇基础设施和居住环境都跟不上居民增多的需求,那么伴随城镇化率的提高,城镇化质量就会下降,从而可能会引发诸多社会问题,影响社会经济的发展。增加城镇人口的比重容易做到,但是提高城镇化质量却是一个比增加城镇人口比重更为复杂和艰巨的任务,需要借助于整个国民经济水平和社会居民基本素质的提高、社会生活水平的提高等各方面的全面、均衡发展。

推进城镇化健康发展,提高城镇化的质量,关键在于提高城镇土地产出率和资源配置效率,优化城镇产业结构和空间结构,建立良好的人居环境,建设现代化的城镇文化和城镇风貌,提升城镇整体功能和综合竞争力,促进城镇化向可持续的方向发展。

(1)重视并制定城郊城镇化质量规划　城郊城镇的建设和发展需要城镇科学规划的支撑和指导，在制定和完善城郊城镇化质量规划时，应遵循超前性、科学性、系统性、可持续发展等原则，吸收各国有益的经验和做法，充分考虑城镇郊区实际情况，从可持续发展这个角度，科学、全面地系统规划，使城镇化能健康、有序、快速发展。

城郊城镇化质量规划的内容很多，包括综合评价郊区城镇化的发展条件，制定郊区城镇化的发展战略，确定郊区城镇化的发展方向、功能定位、规模和目标，统筹规划城镇的功能分区和区域内的基础、公用设施，制订实施规划的相关政策和措施等。

(2)改革和创新城镇化的相关制度，推进城郊城镇化进程　城镇化质量的提高与城镇化水平的提高密切相关，较高的城镇化水平是提高城镇化质量的基础。但是不能仅关注城镇人口比重的提高和城镇低水平的数量扩张，必须追求城镇化的质量，积极推进城镇化进程。这一切需要改革和创新城镇化的相关制度，使其能相互配套、协调一致，共同为城镇化的发展提供制度支持。需要改革和创新相关的就业制度、户籍制度、社会保障制度和土地制度等，使之能适应和促进城郊城镇化的水平和质量。

(3)发展产业集群加快城郊工业化进程，为提高城镇化质量提供经济基础　城镇化是一个漫长的历史过程，它是与工业化和经济发展紧密联系在一起的。在一定时期内，一个地区城镇化推进的速度和规模，必须与其工业化的进程相适应，与其经济实力和发展水平相匹配。只有经济快速发展，工业化质量逐步提高，城镇化质量的经济基础才能越来越坚实，城镇化质量的提高就有强有力的资金物质保障。

城镇郊区要根据自身的区域比较优势，调整产业结构，大力推进工业化进程。与城镇工业化相比，郊区工业化虽有诸多劣势，但也有富足的劳动力，就近的资源，巨大的消费市场和广阔的发展空间等比较优势。充分利用这些比较优势，突出和发挥本区域特色，调整并优化、升级产业结构，推进产业的集群化、专业化发展。产业集群的形成和发展需要政府与市场共同推动。地方政府要引领重点产业选择并促其向集群式发展，引导民资和外资经济推动产业集群和工业化发展。同时，在推动产业集群发展中，政府要从管理型政府转变到服务型政府，为产业集群在提供完善基础设施等公共服务方面发挥重要作用，协调产业政策，改善产业集群发展的环境，营造产业载体，吸引企业聚集。

(4)加强城郊城镇基础设施和公共服务设施建设，增强城镇发展的承载力　城郊城镇化基础设施和公共服务设施的多少，质量的高低，是衡量城郊城镇化质量的重要组成部分。城郊基础设施和公共服务设施包括电力、供排水、交通、道路、邮电、通讯、环保、防灾、供气、供暖、科技服务、文化教育、医疗卫生等，涉及面广、内容众多，需要协调发展才能产生良好效益，只有适当的超前发展才能为城镇化奠定坚实的基础。如果基础设施和公共服务设施不能满足城郊城镇化发展的需要，必将会恶化居民生活环境，降低城郊城镇服务功能，削弱农村城镇的辐射力和聚集力。进一步加强城镇基础设施的建设，完善城镇的综合服务功能，改善城镇的投资环境和生活环境，提高对产业和人口的承载能力，是加快城镇化进程和提高城镇化质量的重要保证。

加强城镇基础设施建设，应按照城镇化发展的要求指导基础设施建设，坚持先规划、后建设的原则，建设面向现代化的综合交通体系，要以提高城镇路网密度为重点，坚持公交优先的原则，健全快捷、方便、畅通、安全的综合运输体系，提高智能化和现代化水平；加强城镇现代信息基础设施建设；在城镇规划和设计时要充分考虑防灾减灾，提高城镇应急能力和救灾能力，加强城镇防灾减灾能力建设；加强以治理污染为目的的城镇污水处理、垃圾处理设施建设，形成以污水、垃圾处理为中心的环保系统；加大政府投入，拓宽资金来源渠道，吸引多元投资主体参与城镇公共设施建设，以人为本加强城镇公共设施建设，完善社会服务体系，为城镇居民创造健康、文明、安定的社会环境。

(5)*发展教育，提高城郊城镇居民整体素质*　城镇化是指随着经济和社会的发展，人们的生活方式从农村生活向城镇生活的升级转化过程。从这个意义上说，教育对城镇化的实施具有极为重要的作用。城镇化既是农业人口向城镇集聚的过程，也是资源深度开发利用、产业结构演进、生产布局更加合理、经济发展形成新的格局的过程。

在现代生产和市场经济条件下，教育是提高劳动者素质，开发人力资源和推动科学技术发展的主要途径。教育通过提高人的生产能力促进劳动生产率提高，促进国民经济增长，具有较大的社会经济效益和个人经济效益。城镇化需要生产要素的集聚，生产诸要素中最重要的是劳动者，高素质的劳动者可以使生产诸要素产生最大效益，对人的发展和经济、社会发展起到全局性、先导性和基础性作用。大力发展教育对城镇化进程必然产生基础性的效能，构建高质量的终身教育体系能推动城郊人口向城镇集聚，是经济增长及提高质量的重要支撑，它对加快城镇化进程及健康发展有着重要的意义。

二、应该如何设计城郊小城镇评价指标体系

城郊小城镇综合评价指标体系是运用指标体系对城郊小城镇进行系统分析，以此综合评价城郊小城镇的经济社会发展水平，监测城郊小城镇的经济社会发展动态，是科学、公正、客观评价考核、监测城郊小城镇发展水平的一种方法。通过建立综合评价指标体系，引导城郊小城镇实现高标准规划、高质量建设、高水平经营和高效能管理，规范城郊小城镇发展方向，以切实发挥城郊小城镇的

示范和带动作用。

(一)城郊小城镇综合评价指标体系的设计原则

要准确地综合评价城郊小城镇的发展状况,根据系统运行质量的评价要求,必须把握系统的本质特征。小城镇是一个复杂的大系统,而综合评价指标体系本身也是一个系统,因而在建立指标体系这个系统的过程中,必须从系统的观点出发来构建此系统。为此,必须在对系统充分认识的基础上,在注重整体目标的同时,可将城镇化逐层分解,既体现系统的总体目标,又体现系统的层次性和各子系统的独立性与相关性。只有这样,才能建立一套完整、科学的指标体系。所以,建立城郊小城镇综合评价指标体系应遵循以下基本原则。

1. 可比性原则 指标的选取应尽量采用可比性较强的相对量指标和区间具有共性特征的可比指标,要符合通用的国民经济核算体系。同时明确并统一每一项指标的涵义、口径和统计范围,以确保时空上的可比。

2. 代表性原则 小城镇系统是由诸多要素构成的统一体,应当使用的指标很多。因此要求指标的选择和设置必须抓住小城镇发展过程中的主要方面和本质特征,所选指标要具有较强的鉴别力,即指标用来区分各小城镇发展水平高低的能力。鉴别力的大小具体表现在各镇之间指标值的差异大小。

3. 弱相关原则 从理论上讲,指标之间应该是完全不相关的,这样才能使每一项指标的作用得以充分的发挥。事实上,社会经济发展指标都是相关的。但应避免选择高度相关指标。

4. 可操作性原则 即指标的可计量性和可操作性,可计量性是指指标所包括的内涵可以进行定量描述,通过对各小城镇的发展水平做定量分析;可操作性是指指标选择既要考虑指标系统的完整、科学,又要从实际出发,尽可能选择现行统计报表中可以取得资料的指标。

5. 评价性原则　运用指标体系对小城镇进行评价，既要对某一小城镇的发展过程做出纵向评价，又要对多个被评价对象做出横向排序分析，既要体现某一特定小城镇与自身比较的发展水平，又要体现多个被评价对象之间的差异。指标必须基于同一基点，从被评价对象中抽取共有属性，通过“放大”小城镇自身发展或不同被评价对象间的差异，提高评价与监测结果的可辨认度。

6. 综合性原则　小城镇发展是一个复杂系统，指标体系应呈现出结构层次性，进行分层次评比不仅能得到总的评价结果，而且能了解到每一层的评价状况。指标体系的设计既要有反映小城镇发展的现实指标，又要有小城镇发展过程的指标，从动态和静态两个方面进行综合评价与监测。

(二) 评价城郊小城镇综合指标体系的方法

由于小城镇发展是一个动态的变化的过程，是十分复杂的社会现象，因此小城镇的综合评价要用统一的客观标准反映小城镇不同时期的不同特征。小城镇发展的内涵十分丰富，既有人口比重的不断变化，又有居民生活方式、城乡关系等方面的变化。因此，综合评价与监测城郊小城镇发展水平适宜用简单的标准反映其复杂的内涵。

借鉴国际、国内学术界测度城镇化水平的方法，可以采取多指标综合评价法对城郊小城镇实施综合评价与监测。多指标综合评分评价法，是将反映城郊小城镇发展水平的指标，按照对总体差异程度的影响分别赋予不同的权重，对各指标分值与权重相乘的结果进行累计，从而得到每个乡镇的综合评价指数。权重的确定方法采用德尔菲法。

综合指数的计算方法很多，其中主要有线性加权和法、乘法合成法等。线性加权和法适用于各种评价指标间相互独立的场合，由于该方法对不同评价对象之间指标值的数据无特定要求，计算简便，并考虑到指标体系及数据无量纲化后的特点，因此，城郊小城镇综合评价指标体系拟选取此种方法。

线性加权和法的基本公式为：

$$F=\sum_{i}^{n}S_iW_i$$

式中：F—某一区域经济发展水平的综合评价指数

W_i—为该区域第 i 项指标的权重

S_i—为该区域第 i 项指标的无量纲化值

具体操作过程主要分为以下几步：

第一，确定各指标实际值，进行各指标数据的搜集、分析、整理。

第二，对各评价指标的实际值进行归一处理，即无量纲化处理。

第三，计算各评价指标的权重值。采用德尔菲法，进行专家意见咨询，根据各指标的贡献度确定其权重。

第四，选用合适的综合指数模型，得出综合指数。

第五，根据综合指数的结果进行分析、判断并得出结论。

三、依据什么指标综合评价城郊小城镇

（一）城郊小城镇综合评价指标体系的基本内容

城郊小城镇作为社会经济的一个大系统，包含着社会、经济、科技、环境等在内的一个有机整体，相互作用，相互协调，共同发展。为此，按照系统理论的方法，按照小城镇的不同性质与功能，选择了与小城镇发展相匹配的 5 大类 68 项指标，对城郊小城镇进行综合评价（表 1）。

表 1　城郊小城镇综合评价指标体系

子系统	权重	指标
社会子系统	25	全镇总人口
		镇区人口密度
		镇区总人口占全镇总人口比重
		非农人口占全镇总人口比重
		迁出人口数
		迁入人口数
		非农劳动力占总劳动力比重
		镇区面积
		镇区面积占全镇面积比重
		非农居民人均年消费性支出额
		农民人均年消费性支出额
		人均居住面积
		公路网密度
		人均电话装机量
		水电入户率
		燃气入户率
		全镇邮政网点个数
		全镇金融机构个数
		全镇商业网点个数
经济子系统	25	全镇国内生产总值
		人均国内生产总值
		第二产业产值
		第三产业产值
		第二产业从业人员数
		第三产业从业人员数

续表 1

子系统	权重	指标
经济子系统	25	地方财政收入额
		地方财政支出额
		全社会固定资产投资额
		企业营业收入总额
		企业缴纳税金总额
		全社会消费品零售总额
		商品贸易成交额
		年末存款余额
		居民储蓄存款余额
		非农居民人均年收入
		农民人均年收入
科教子系统	20	每千人科技人员数
		每千人大中专毕业生数
		每千人拥有医生数
		每千人拥有医疗床位数
		每千人拥有教师数
		基本医疗保险参保人数
		基本养老保险参保人数
		图书馆藏书量
		文化活动室个数
		体育活动场所个数
		小学及以下文化程度的比重
		初中文化程度的比重
		高中文化程度的比重

续表 1

子系统	权重	指标
环境子系统	20	基础设施投资占基建投资比重
		环境保护支出占财政支出比重
		工业废气处理率
		工业固体废弃物回收利用率
		污水处理率
		垃圾粪便无害化处理率
		人均公共绿地面积
		单位 GDP 用水量
		单位 GDP 电力消耗量
		单位 GDP 燃气消耗量
		单位 GDP 标煤消耗量
管理子系统	10	全镇机关事业单位大专以上学历人数
		全镇年培训工作管理人员人次
		全镇年获得县以上单位表彰次数
		全镇年培训农民人次
		全镇年创造就业岗位数量
		全镇年出台规章制度、政策措施数量
		全镇年吸引外部资金额
		社会治安发案率

城郊小城镇综合评价指数具体计算过程如下：

第一，对原始数据进行标准化处理，将原始数据趋同化和无量纲化。

第二，计算相关系数。对标准化后的每两个指标变量间计算相关系数，这样就可以得到一个相关系数矩阵。

第三，计算其相关系数矩阵的特征值和特征向量。

第四，选择综合反映该经济现象的主分量。

第五，确定该主分量对应的特征向量的元素值为各变量的权数。

第六，计算指数值，用以上确定的权数对经过标准化后的数据进行加权合成，从而得到反映各系统发展水平的综合指数；最后，以各因素的指数值进行加权合成，计算出小城镇发展水平综合指数。

(二)国内有关城郊小城镇专项内容的其他指标评价体系

除上述建立的城郊小城镇综合指标评价体系外，还有一系列针对小城镇不同发展内涵的专项指标评价体系。这些专项指标评价体系，从不同侧面评价了小城镇发展的一些重要内容，对小城镇同样起到了评价与监测作用。

1. 小城镇社会经济综合发展指数指标体系 国家统计局农村社会经济调查总队根据全国乡镇基本情况调查方案，从发展水平、生活质量和发展潜力 3 个方面初选了 30 个指标，利用主成分分析法、聚类分析和因素分析等数学方法，对初选指标进行鉴别力分析，计算它们的离散系数，删除那些鉴别力小，数据质量不高的指标，最终选择了 25 个指标作为小城镇综合发展指数测评的指标体系(表 2)。

表 2 全国小城镇社会经济综合发展指数指标体系

模块	子模块	指标	测评内容
发展水平	规模水平	总人口	人口规模、聚集外来人口和劳动力的能力
		外来人口比重	
		外来劳动力比重	
		财政总收入	经济总量
		企业个数	工业化进展程度
		其中：工业企业	
	平均水平	人均财政收入	人均财力
		农民人均纯收入	
		每个企业利润	企业规模和效益水平
		每个企业上缴税金	

续表 2

模　块	子模块	指　标	测评内容
生活质量	镇区生活设施	镇区人均住房面积	居民生活方便程度
		镇区自来水普及率	
		镇区有线电视入户率	
		镇区生活燃气普及率	
		全镇万人拥有医院个数	
		镇区面积占全镇面积比重	反映城镇化进程水平
		镇区人口占全镇人口比重	
发展潜力	资金和资源	居民人均储蓄余额	资金方面潜力
		人均耕地面积	资源和基础设施方面潜力
		公路密度	
		万人拥有供水站数	
		万人拥有垃圾处理站数	
	教育	每镇拥有教师人数	教育文化方面潜力
		平均每个学校学生数	
		万人拥有图书馆、文化站数	

2. 小城镇可持续发展指标体系　沈阳建筑大学周静海教授承担的国家科技部2000年公益性基金项目《全国小城镇可持续发展技术评价指标体系研究》中提出：小城镇以其自身的独特性区别于纷繁复杂的城市人工复合生态巨系统，其可持续发展指标体系主要由社会发展指标、经济发展指标、资源环境指标、科技指标、建设指标5大系统构成，每一系统又包含自身的外延指标和内在指标。由于每一系统都是由复杂的多元参量组成，因此，小城镇可持续发展的外延指标与内在指标也构成一个庞大而复杂的指标体系。这一指标体系在时间上反映其发展速度和趋向，在空间上反

映其空间布局和结构，在数量上反映其规模，在层次上反映其功能和水平。小城镇可持续发展指标体系主要包括以下内容。

(1)资源环境可持续发展评价指标　包括土地利用、水资源、其他资源、能源开发与利用、生态环境5个方面。

①土地利用评价指标　包括人均耕地面积、基本农田比例、人均建设用地、土地利用率、耕地面积变化率。

②水资源评价指标　包括人均水资源量(一票否决)、万元产值耗水量、水资源利用率、自来水普及率。

③其他资源评价指标　包括森林草场资源、矿产资源、自然风景资源、人文景观资源。

④能源开发利用评价指标　包括新能源利用率、人均年用电量、万元产值耗能。

⑤生态环境评价指标　包括大气污染指数、废水排放量、污水处理率、垃圾排放量、垃圾无害化处理率、环境治理费用占GDP的比例、水土流失率(一票否决)。

(2)小城镇社会可持续发展评价指标　包括人口、就业结构、文化教育、医疗卫生、社会保障5个方面。

①人口评价指标　包括人口自然增长率、人口城镇化率、老龄化人口(老龄化人口比例、老年社会保障)、劳动力就业率(镇内登记失业率、外来人口比例)、第二产业劳动力就业比例、第三产业劳动力就业比例。

②文化教育评价指标　包括人口受教育程度、文盲率、教育经费占GDP比重、文化、娱乐设施。

③医疗卫生评价指标　包括平均每千人拥有医生数、医疗保健设施、计划生育率(一票否决)。

④社会保障评价指标　包括农村社会保险普及率、社会保障机构体系。

(3)小城镇经济可持续发展评价指标　包括经济规模、产业结构、商品流通、投资结构、财政收入5个方面。

①经济规模评价指标　包括GDP总量、人均GDP、GDP年增长率。

②产业结构评价指标　包括一、二、三产业结构比例、农业产业化程度、工业聚集程度、高新技术产业占工业产值比重、工业经济效益综合指标、第三产业增长速度。

③商品流通结构评价指标　包括社会商品零售总额、农产品销售比重、工业品产销率、外贸依存度。

④投资结构评价指标　包括资产投资总额、社会资金占投资总额的比重、外资占投资总额的比重、投资增长率。

⑤财政收入评价指标　包括财政总收入、镇级可支配财政额、小城镇财政独立度。

(4)小城镇科技可持续发展评价指标　包括科技创新环境、科技普及程度、信息化发展(主要指万人中计算机拥有量)、农业先进适用技术应用4个方面。

①科技创新环境评价指标　包括鼓励科技创新的政策情况、地方科技事业费、科技三项费占财政支出比例、企业研发经费与政府研发经费比例、万人中中等专业技术人员所占比例。

②科技普及程度评价指标　包括政府科普经费占财政支出比重、年科技下乡次数、农业科技人员数、科普报刊订阅量、科普网络。

③农业先进适用技术应用评价指标　包括粮食优良品种使用率、蔬菜优良品种使用率、畜禽优良品种使用率、水产优良品种使用率、林果优良品种使用率。

(5)小城镇建设可持续发展评价指标　包括规划和设计、基础设施建设、住宅及其他建设、建设管理4个方面。

①小城镇规划和设计评价指标　包括规划(有无、各专业规划齐全情况、规划合理、规划按期修编、规划实施符合规定)、设计(有

无、设计合理、绿化规模、人均绿地、标志建筑、雕塑及建筑小品)。

②基础设施评价指标　包括交通网络(道路交通组织合理及通畅、镇区道路符合标准规定、道路铺装率、村镇交通网、停车等辅助设施、路灯、市政等配套情况)、给排水(供水设施齐全完善、集中供水率、供水能力、供水系统建设及运行、排水管网面积普及率、排水管网密度、排水设施完善、排水制度)、供电(供电设施完善、供电能力、通电率)、环保(生活垃圾处理率、环卫设施完善、万人公厕量及公厕类型)。

③住宅及其他建设评价指标　包括住宅(设施完善、环境舒适、绿地率、人均居住及使用面积)、其他建设(工业小区建成情况、市场设施及其他服务设施情况)。

④小城镇建设管理评价指标　包括规划建设许可证、管理机构、建筑市场管理制度执行、档案管理。

举案说明　北京市小城镇动态管理监测指标

动态管理综合评价指标体系,主要是客观地反映小城镇经济、社会发展的实际情况,引导小城镇实现高标准规划、高质量建设、高水平经营和高效能管理,规范小城镇发展方向,发挥小城镇的示范和带动作用。

由于小城镇发展是一个动态的变化的过程,是十分复杂的社会现象,因此,小城镇的动态监测要用统一的客观标准反映小城镇不同时期的不同特征。小城镇发展的内涵十分丰富,既有人口比重的不断变化,又有居民生活方式、城乡关系等方面的变化。因此,监测小城镇发展水平适宜用简单的标准反映其复杂的内涵。我们借鉴国际、国内学术界测度城市化水平的方法,采用综合指数评分评价法对小城镇实施动态发展水平的监测。

综合指数评分评价法,是对反映小城镇发展水平的指标,按照对总体差异程度的影响分别赋予不同的权重,对各指标分值与权重相乘的结果进行累计,从而得到每个乡镇的综合评价指数。权重的确定方法采用客观赋权法中主成分分析法。主成分分析的目的是考察多个定量(数值)变量间相关性的一种多元统计方法。它是研究如何通过少数几个主分量(即原始变量的线性组合)来解释多变量的方差——协方差结构。具体地说,是导出少数几个主分量,使它们尽可能多地保留原始变量的信息,且彼此间又不相关。主分量分析法经过数学变换得到主分量的权数,无任何人为因素,是客观赋权的方法,能够客观体现原始数据本身对指标体系的赋权作用。

结合北京小城镇发展的实际,小城镇动态监测指标体系主要内容见表3。

表3　小城镇动态监测指标主要内容

主　体	权重	指　　标
第一子系统 经济发展	40	地方财政收入＊发展速度(10)
		上缴税金＊发展速度(10)
		农民人均纯收入＊发展增速(10)
		固定资产投资完成额＊发展速度(5)
		二、三产业从业人员占比重(5)
第二子系统 人口与社会发展	30	小城镇人口密度(10)
		镇区人口占比重(10)
		镇区从业人员占比重(5)
		镇区养老保险参保率(5)
第三子系统 基础设施	30	公路网密度(10)
		人均生产、生活用电(10)
		垃圾处理站(5)
		污水处理厂(5)

小城镇动态监测综合指数具体计算过程如下。

第一,对原始数据进行标准化处理。将原始数据趋同化和无量纲化。

第二,计算相关系数。对标准化后的每两个指标变量间计算相关系数,这样就可以得到一个相关系数矩阵。

第三,计算其相关系数矩阵的特征值和特征向量。

第四,选择综合反映该经济现象的主分量。

第五,确定该主分量对应的特征向量的元素值为各变量的权数。

第六,计算指数值,用以上确定的权数对经过标准化后的数据进行加权合成,从而得到反映各系统发展水平的综合指数。最后,以各因素的指数值进行加权合成,计算出小城镇发展水平综合指数。

综合指数=0.4*第一子系统指数+0.3*第二子系统指数+0.3*第三子系统指数

第一子系统为经济发展。指标包括:财政收入和发展速度、上缴税金和发展速度、农民人均纯收入和发展速度、固定资产投资完成额和发展速度、非农产业从业人员所占比重。这一子系统反映中心镇经济发展水平和小城镇产业聚集水平。

第二子系统为人口与社会方面。指标包括:小城镇人口密度,镇区人口占比重、镇区从业人员占比重、镇区养老保险参保率。这一子系统主要对反映小城镇人口与社会发展水平,反映小城镇的人口聚集水平。

第三子系统为基础设施建设。指标包括:公路密度、人均生产、生活用电量、垃圾处理站、污水处理厂。这一子系统主要反映中心镇基础设施水平以及环保建设水平。

在对中心镇实施社会经济发展水平动态监测的同时,我们还要对中心镇的管理工作实施动态监测。动态管理监测体系的内容主要有 6 项：一是小城镇总体规划、控制性详规；绿化、水利、环保等专项规划；二是坚决贯彻中央、市委、市政府对农村改革发展的各项政策以及小城镇的各项政策，贯彻不力的实施一票否决；三是小城镇制定自己可行的吸纳农民就业，带动农民增收的措施，并取得成效；四是改善投资环境，招商引资工作成效显著。镇区企业聚集程度高；五是区、县领导要高度重视小城镇的发展和建设，要设立独立的村镇建设主管部门赋予一定职能，并配专职工作人员；六是公用事业发展较快，基础设施建设每年有新进展，环境改善明显。

第九章　国外如何建设城郊小城镇

一、国外城郊小城镇建设和发展模式

国外小城镇建设是与各国国情和生产力发展水平紧密相联系的，它们有着自身的特色，但又有着众多共同的方面。我国的小城镇建设与发达国家相比，存在着很大差距。因此，学习、研究和借鉴国外小城镇建设的经验对促进我国小城镇建设的健康发展是十分必要的。按照各国小城镇建设与发展特点的差别，可将其分为两种模式。

(一)发达国家的城乡协调发展型模式

发达国家在农业现代化建设过程中，为了缩小农村与城市在就业、收入和生活等方面的差距，稳定农村人口，提高农场主的利益，实行了一系列围绕小城镇发展的土地、人口、房产、投资、贸易及税收等政策措施，形成了农场专业化生产，小城镇具备产前社会化服务和产后加工销售的地域分工协作格局，并依靠小城镇把广大农村和城市相联系，实现了城乡协调发展的目标。以美国为例，小城镇依据所处的不同区位，可以分为3种：大都市边缘区的小城镇、郊区小城镇和农业地带小城镇。这3种类型的小城镇都具有不同产业特色和功能，总体来看，有3个特点：一是小城镇始终把创造一个比城市更优美舒适的生活居住环境放在首位，十分注重改善小城镇的交通、通讯、公共服务等条件，为私人投资建设创造一个有利的投资环境。而处于农业地带的小城镇则把吸引和促进农副产品加工业和贮运业的发展作为发展小城镇的重点；二是小城镇规划具有综合性、科学性。小城镇建设总体规划一般是依据联邦和州的有关法律规定的该区位特点及产业特色进行的。注重规划的综合性和长远性，市区建设规划比较强调整体协调和功能分区；三是小城镇的交通、通讯、排污等公共基础设施建设都有预见性，避免多次修建、扩建造成损失。

(二)发展中国家的乡村综合开发型模式

20 世纪 60 年代后，绿色革命给发展中国家的小城镇发展带来了活力，但以乡村综合开发为核心的小城镇建设是在 20 世纪 70 年代后。总体说，大致分为 3 种类型。

1. 以缓解乡村贫困为核心的印度乡村综合开发活动　20 世纪 80 年代初，印度政府主管乡村的部门根据不同地区的资源条件状况及其开发潜力，选择在贫困线之下的农户，通过投资、补贴等措施，提高农户收益。到 20 世纪 80 年代中后期，在 1 000 人以上村庄修通公路；推动农民成立销售合作社，并在村庄一级建立信贷合作社，修建贮藏设施，建立市场等。到 20 世纪 90 年代，为了进一步提高农业活力，依托村镇建设，引进农业加工技术，吸引农民参加以农业为基础的公司并免征落后地区农业加工联合体所得税等，开始实施印度农业革命的十点计划。

2. 以提高农民收入和生活水平为核心的泰国乡村综合开发活动　1982 年，泰国政府公布了第一个明确的农村发展政策，建立了不同层次的农村发展管理体系，并系统开展工作。一是缓解贫困项目、通过生产资料资助，公共设施改善，以及技术推广等，以提高 800 万农民的收入及生活水平；二是乡村就业促进项目，通过财政支持，改进干旱地区的水利设施，发展非农产业，以提高就业和收入。1990 年极度贫困的村庄由 1984 年的 5 560 个下降为 180 个。

3. 以农业现代化建设为核心的韩国新村运动　韩国新村运

动是以政府行为和开发项目促进农民自发建设农业现代化的活动。从1970年开始，大致每3年作为一个阶段。首先以改革居住条件修建公路、改良农牧业品种为基础，调动农民建设家乡的积极性。其后迅速向城镇扩展，发展成为全国性运动，开始大力兴建各种公共设施。在发展畜牧业、加工业以及特产农业的同时，积极推动农村金融、流通和保险业的发展。到了20世纪80年代末，农村的经济收入与生活水平已接近城市水平，初步实现了农村现代化和城乡一体化。

二、发达国家城郊小城镇的建设情况

（一）英国的小城镇建设

英国的城镇化是以乡村工业的高度发展为前提的。据历史学家估计，早在17世纪，英国就有1/2的农业人口农闲时从事工业生产。这些乡村工业集中在工业村庄，其发展推动了农业与工业的分工，反过来又促进了农业的规模经营。后来，相当一部分工业村庄演化为城镇。

英国城镇化不是建立在农业高速发展的基础上的，而在某种意义上是以牺牲农业为代价的。英国地少人多，曾经是最大的殖民主义国家。英国贵族通过著名的“圈地运动”，以暴力形式强制农业人口向非农产业转移。同时，城镇化所需要的作为食物的农产品和作为原料的农产品则主要依靠进口。1852～1859年，英国国内小麦消费量的26.5%是靠进口满足的，1868～1875年，该比重增至48%以上。1910年，英国的粮食自给率仅为35.6%。

英国小城镇建设经验集中体现在几次规划运动中，包括霍华德的田园城市运动，新城建设运动，米尔顿·凯恩斯城建设、农村中心村的建设等，集中体现了规划在小城镇建设发展中的作用。

(二)美国的小城镇建设

美国的小城镇建设始于1968年通过的“新城镇开发法”,首批共建成63个新城镇,每个规模为2万人左右,从而加快了美国的城市化进程。美国的小城镇建设的经验主要体现在以下几个方面。

1. 充分体现规划的作用　美国小城镇规划坚持4条基本原则:一是尽可能满足人的生活需要;二是充分尊重和发扬当地的生活传统;三是最大限度地绿化和美化环境;四是塑造城镇不同特点和培育有个性地城镇。同时还要根据建设需要编制详规。

2. 非常重视基础设施建设　美国小城镇建设资金由联邦政府、地方政府和开发商共同承担,联邦政府负责投资建设连接城镇间的高速公路,而供水厂、污水处理厂、垃圾处理厂等由州和小城镇政府负责筹资建设,开发商负责小城镇社区内的交通、水电、通讯等生活配套设施的建设资金。

3. 重视环境建设　美国各级政府都不惜在环境建设方面投入巨额资金和人力,以营造舒适宜人的居住环境,维持区域经济和社会的可持续发展战略。其内容比较广泛,并不仅仅局限在种花种草、植树造林等园林绿化方面,而且更注重城镇景观环境的设计,从而给小城镇提供了一个可持续发展的社会经济环境。

4. 重视城镇特色,突出管理　美国小城镇建设特别注重特色,精心设计、按规划布置各种建筑物,无论走到哪里,都可以看到不同面貌和特色的小城镇。主要建设管理经验有两点:一是拥有健全完善的规章制度;二是依法办事,违法必究的管理作风。

5. 重视公众参与　美国各级政府十分重视在策划小城镇各种开发建设项目时的当地居民和社会公众的意见,并鼓励公众积极参与建设项目的全过程。其目的是为了保证小城镇建设能公正、健康地进行、保证小城镇建设不破坏当地的建筑风格、居住环境以及生态环境。

(三)德国的小城镇建设

德国政府为了改造和建设好小城镇,为农民创造良好的生产和生活条件,首先颁布了《农业法》。其建设经验主要体现在以下几个方面。

第一,高度重视小城镇改造和建设,不断加强管理机构、管理队伍的建设,完善小城镇建设的投资机制,加大政府的支持力度,形成了比较均衡的城镇结构体系。

第二,为了改造小城镇的居住环境,提高小城镇居民生活的舒适度,政府十分注重基础设施和社会服务设施的建设。

第三,特别注重单体设计与整体景观协调,使村落建设与自然巧妙地融合在一起,将突出特色与满足规划的统一要求有机结合起来。

第四,注重环境建设和保护古建筑。城市规划在基本保留原有城市格局和空间形态的基础上,进行合理的功能划分,通过保护性改造让原有的古街区、古建筑来满足现代人的生活需要。

(四)瑞士的小城镇建设

瑞士是个绿色的国家,仅有700多万人口,大城市为数不多。瑞士中小城镇如串串珍珠散落在沿湖和交通要道两侧。绿色掩映中的无数袖珍小城镇组成的城镇网是瑞士城市化的一大特点。

1. 千人以上城镇设规划办公室 瑞士政府立法规定千人以上的城镇必须设立城市化规划办公室,为城市发展和人口规模定位;确定农牧用地和绿地面积;选择城镇支柱产业。而且,联邦和州两级城镇规划的相关法令要保护20年的稳定性。

2. 管理机构人少事多 为市民解决困难,全力提高市民生活质量是市政府的根本任务,在政府的日常工作中,完善城镇经济活动，改善服务设施，提高服务质量，改善交通管理，保护城镇历史遗产，协调城镇建筑风格等，都是围绕提高市民生活质量进行的。

3. 适当为大城市圈服务　瑞士小城镇一方面要为市民提供各种服务，另一方面还要为国家的整体发展服务。而小城镇接纳的在大城市工作但前来这里居住的人数则日益增多，因此小城镇要保障他们的日常需求。如幼儿园、学校、药房、牙医、停车场位、影剧院、图书馆、体育场馆、环保和基础设施，乃至书报亭的容量和密度都要适时增加。小城镇的重要功能就是在保障个人生活独立环境的同时，为市民创造优良的社会环境。

三、国外城郊小城镇建设的经验借鉴

结合我国实际状况与外国的经验模式，要加快我国小城镇建设的步伐，推进农村工业化、城镇化进程，应从以下几个方面着手和突破。

（一）加强小城镇在整个社会的工业化、城市化和现代化进程

小城镇作为一种与大中城市和乡村不同的社区单位，在缓解大中城市就业压力、农村劳动力转移和促进农村非农产业发展、改善农民生活水平等方面有着不可替代的历史地位。因此，从我国的实际出发，应该把小城镇定为乡镇企业的聚集中心，以及从农村转移出来的从事二、三产业的人口的聚居中心。

（二）建立多元化的投资机制，加强小城镇基础建设

基础设施建设是小城镇发展的一项重要内容，只要有了良好的基础设施就能吸引企业和人口向小城镇集中。但我国小城镇目前的基础设施薄弱，为此，一方面要建立多元化投入机制，除了逐年增加各级财政对村镇基础设施建设的投入外，还要将部分税费

合理投在基础设施建设上。要面向市场筹集建设资金，打破行业、区域和所有制界限，允许单位和个人以股份制、租赁制和合资经营等形式，开发小城镇，兴建排水、道路等基础设施和旅游、娱乐等公共设施。同时，争取各国有银行一定规模的中长期贷款用于这方面的建设。另一方面要采取分阶段逐步实施的办法进行建设。

（三）科学规划、合理布局，充分发挥小城镇的集聚功能

搞好小城镇的规划设计，是建设好小城镇的前提条件、它有利于协调发展和统筹兼顾，也有利于处理好近期建设与远期发展经济、发挥小城镇的集聚功能。因此，全国各地都应坚持“统一规划，合理布局、综合开发、配套建设"的方针，依据本地区条件制定出合理的和科学的小城镇战略发展规划，为小城镇发展提供依据、同时规划还应体现出民族特点、建筑风格、地方特色和时代特征，切不可千篇一律，同一模式。

（四）小城镇建设应走可持续发展道路

小城镇建设不单纯是个经济问题，也不单纯是个城市建设问题，而是涉及到经济增长、社会事业发展和生态环境保护的全面发展过程。因此，小城镇建设要切实实施经济和社会的相互协调与可持续发展，发展绿色产业，开辟产业新空间。小城镇要实现可持续发展，必须要在规划中自觉融人可持续发展思想，注重环境生态建设，推行绿色规划。把小城镇环境、生态作为系统工程，与人工环境结合起来进行规划设计，并充分体现安全性、生活便捷性、环境舒适性、经济性、生态性、持续性 6 大原则，促进生态小城镇的建设与发展。

举案说明　德国等欧洲国家小城镇规划建设现状

德国（包括荷兰、比利时、卢森堡、奥地利、法国、意大利等国）

的城镇规划建设比较成熟，其共性表现在：德国（欧洲）小城镇的建设严格以规划为依据，并视之为法律。他们的运作机制是自上而下，大体分为4个层面：一是欧盟层面的规划，在规划编制法律地位上是总体的、宏观的，主要考虑整个欧盟今后的发展趋势及其土地的总体综合利用和重大的基础设施建设；二是联邦政府一级的规划，它不是强制性的，在编制规划中考虑其整个国家如高速公路网、铁路、机场、大学的布局、大型基础设施建设项目的规划建设；三是州政府规划，按联邦政府规划的框架及指导原则，其规划更具体、更详细，而16个州又分若干个大区（德国分为8大区），大区在规划中确定土地利用空间的布局，如居住区、工业区等，并按远期规划规定哪些区域为预留的特殊区域。以上3个层次按照相关法律在城镇规划上做出了相关的科学的规定，但都不是具体规划的决定者和执行者；最后一个层次是地方政府的规划，只有它才能与公众发生直接关系、规划作为地方政府提出的规划建议，经市议会同意，州政府批准。以上可以看出，在德国规划体系虽然分等级层面，但相互关联，相互制约。

德国的城镇规划分为土地利用规划和建设规划，其编制过程是按照联邦的《建设法典》所规定的程序进行的。首先是做出编制的决定，通过各种形式，将规划的目标、必要性等宣布给公众，然后形成几种规划草案，让市民参与草案讨论，根据公众意见，规划部门将这些草案合并成一个方案，再进行公示；进入第二阶段，邀请相关人士进行评论，规划部门收集意见做进一步调查评审，经第二次公众展示后，才最终确定方案成果，上报上一级管理机构审批。

德国及欧洲小城镇规划的编制及决策过程中，既充分发挥了规划设计专业人员的技术才干，又反映了市民的意愿；规划既体现人文主义精神，又注重了环境保护，创造生态型人居环境；规划还兼顾历史的延续和社会发展的前瞻性，使之能和谐的统一在城镇建设上。

1. 规划布局结构上 欧洲这些城市的规划建设，在长期发展过程中，非常注重以新区建设来拓展城市发展的空间和进行城市结构调整，无论从保护历史遗迹、人居环境、城市风貌等方面，新老城市始终保持密切的联系，突出疏散旧城，扩展新城功能为主的原则。遵循混合理论指导规划实践的指导思想，避免过分单一的城市布局。联邦德国政府建设部提出“改造城市而不是建新的城市”、“大城市周边布局合理、功能齐备的小城镇也是城市”的原则。欧洲的很多城镇在改造和建设中，凭借着和谐发展的规划定位和规划建筑师高素质的专业技能，使得新建筑与古建筑在尺度、细节建筑语言和色彩上和谐，又不失现代气息。如法国巴黎城由于发展需要，在城市边缘地区建设新城，新城与老城截然分工，有利于保护老城的整体风貌和突出新城的现代职能，著名的新城：拉·德方斯城，为现代城市建设史上统一规划、统一建设的范例杰作。拉·德方斯门外现代化高楼群与旧城区的遥相顾盼与辉映，以不同的手法，异曲同工地体现对历史的尊重和对未来执着追求的城市规划建筑特色。

2. 城市交通方面 欧洲国家的城市交通体系完善、管理科学，结构层次分明，新城与旧城明显不同，新城道路宽敞通达，中心区、小区城支路全部实行单行线，在管理理念上，最大限度地考虑加大行车距离、减少阻塞发生。对解决大城市中心区的交通拥挤颇有成效。旧城由于道路网密度大、街坊小，受古建筑区保护的影响，道路在规划拓宽上受到极大限制，这些城市都开辟步行街、限制机动车进入，一些大城市规定，旅游专用大型客车不允许进入市区，既有利于营造浓郁的商业旅游气氛，又有利于古建筑保护。在大都市的道路交通规划建设上，注重保留和发展轨道交通，来解决城市扩展后空间发展需要。我们在大部分城市中看到，城市轻轨、地铁交通网络完备，既有效地利用地下空间，又为人们出行提供便利环境，而且考察到过的大城市中，几乎不建高架桥、高架路，充分考虑城市整体景观，这和我们国家经济发展较快的大城市的中心区随处可见的高架网络形成鲜明的对比。

除高速公路、高等级公路网体系非常完善外，城镇间的道路网也很发达，村镇道路完全考虑机动车通行要求。一路的考察，我感受较深的是高速公路、城镇网公路两侧的景观规划设计近乎完美。虽是初冬时节，两侧景致非常优美，各种颜色形状的树木、大片的森林、山坡、草地与造型各异、极具特色的民居，形成立体画面，规划布置很显然是经过精心设计的，但又很高超地让人感到是一种自然生成状态。在城镇规划方面充分地体现“以人为本”的理念，如城镇完整的垃圾回收系统，步行街区的无坡道入口，道路与居民区之间隔离墙，交叉路的行人自控信号设施，街区之间的清澈水面和丛林、草地等，均有赖于从规划结构入手的功能分区，完善的市政设施配套和环境保护与整治措施的规划落实。体现出住区与街区、街区与城市，封闭与半封闭、半封闭与开放系统的衍变，伴生从点到线到面的整体绿地系统规划。

3. 城市特色方面　欧洲的许多城市都在规划建设上注重体现强烈的民族特色、历史风貌和与现代生活的融合。如德国柏林城市中心的共和广场改造规划上，体现了大手笔、大气魄，整个广场的建筑物与周围和谐以及与施普雷河的呼应联系，突出体现了德意志民族的性格和特点。而且，小城镇在反映各自特色上也非常有灵气，风格各异，精致小巧。如德国的小城镇帕骚，规划建设在主体空间上给人以自然流畅的感觉。延续至今的小城镇都有市政广场（小广场）等公众空间及聚会场所，这与我国传统城镇的街市空间概念是共通的，规划者在规划设计中往往把小广场与周边建筑环境统筹考虑，而建筑物的外观上历史渐进过程得到了清晰的体现，而建筑物之间的对话与呼应更是显而易见。体现了设计者突出简洁明快为主，不追求形式、不追求大、宽、高的理念。城市中的小品雕塑题材贴近公众市民，尺度不夸张，不论是历史上的英雄、艺术家、科学家等，都从尺度、视觉、造型上加以平民化，体现一种人文主义的精神，为市民活动空间提供轻松、人性化的环境氛围。我们的城镇规划应予以借鉴，要注重人性化设计，尽可能小巧特色、贴近市民。

4. 建筑环境设计方面　欧洲这些国家的城镇历届政府对城市建设环境协调的维护始终如一，历史上的延续在规划建设上得到了充分体现，城镇建筑色彩协调统一，而且运用得比较大胆，建筑装饰材料运用考究。很多城市在旧城中大胆运用轻钢、玻璃结构，如奥地利的维也纳、德国的波恩等城市的地铁站出入口的设计与周围建筑非常协调。

城市中水景观的设计处理更是突显规划建设协调精致的亮点，城市中的河道、湖泊在处理上体现了“巧”字。如意大利的水城威尼斯和荷兰的阿姆斯特丹城中的人行跨河桥的设计处理，给人以耳目一新的感觉。因为欧洲处于长期稳定和发展的状态，目前已经进入相当成熟阶段，人们追求的是一种与自然生态共生，恬静、高雅的生活环境，无论城市和农村，从建筑、市政建设到环境色彩，追求体现一种和谐，这也是我们可以借鉴学习和体味的方面。

5. 历史文化保护方面　德国的文物保护的法律比较健全，16个洲有 16 部基本相同的法律，其中规定了文物定义，文物研究、文物的记录和文物的保护等方面。凡列入文物保护的项目，在日常的维修管理中，联邦、州、地方均有资金投入，而且通过各种形式的宣传教育，倡导民间对文物保护，私人投资占保护项目总投入的70%以上。德国列入名单的文物保护项目有 150 多个（不分等级），形成了非常科学有效的保护管理体系。

6. 规划中人性化的体现方面　以人为本是欧洲文艺复兴以来形成的普遍社会理念，在城镇规划方面也得以充分的体现。在城市基础设施上，注重方便、快捷、人性化的服务。如城市地铁贴近入口处，设有垂直升降机，可供老人、残疾人使用，人行道与机动车交叉口处设有专用信号灯并设有残疾人指示器。道路、公共楼梯、公厕等场所也非常重视无障碍设计，城市中大型超低底板的公交车，车的踏板与站台或人行道地面基本同高，方便乘客上下，在城市中心区的交通主干道，大多都设置既隔离噪音，又美观的设施，处处能体会到人文主义理念。

7. 小城镇发展方面　欧洲小城镇的发展，一是城镇规模较小，城镇空间尺度宜人。一般城镇人口规模在万人左右，因其生产经营活动在城镇以外的独立区域进行，导致生产与生活功能分离，也就是说，城镇的主要功能以生活为主，形成了居民重视人居环境的传统，如德国的维而特镇，具有非常吸引人的特色，依山傍水，建筑物与街道、山林和谐精美，简直无可挑剔。欧洲的小城镇虽然小，但很精巧，这些城镇已进入到成熟期(法国有 50%以上的人口居住在中、小城镇)，大规模的更新及建设项目很少见，小范围的建设又在整体风貌控制下进行，所以避免了对整体格局的冲击；二是以绿化美化为主体的小城镇环境面貌独具特色，处处体现绿色、温馨、和谐，适合人居，在吸引人口、创造经济发展平台方面具有独特的优势。

主要参考文献

1　谢扬．中国小城镇辨析．中国社会经济发展战略，2003，(2)：25～27

2　韩亮，郝晋珉．小城镇国土资源优化配置指标体系研究．国土经济，2003，(6)：34～36

3　汪小宁．论全国小城镇发展的模式类型．宁夏社会科学，2004，(7)：61～62

4　胡雪梅．小城镇发展的主要模式及特征．资源产业，2000，(12)：62～63

5　徐少君，张旭昆．1990年以来我国小城镇研究综述．城市规划汇刊，2004，(3)：79～84

6　刘会恩，钱立功．保定市小城镇形成途径、发展类型及基本经验．中国农村观察，2000，(5)：57～61

7　国家统计局农村社会经济调查总队社区处．发展第三产业促进小城镇建设．调研世界，2001，(7)：18～21

8　卢爱华．我国土地征用制度改革对小城镇建设的影响及对策．经济与社会发展，2004，(8)：67～70

9　朱启臻．关于小城镇发展过程中土地问题的社会学思考．中国土地科学，2001，(3)：23～25

10　李太平．加快小城镇建设的理论思考．农业经济，2000，(12)：24～25

11　林其屏．正确定位：当前小城镇建设的急迫问题．上海经济研究，2000，(9)：32～37

12　王昭耀．发展小城镇是带动农村经济和社会发展的大战略．农业经济问题，2000，(8)：2～6

13　王玉华．土地制度改革下小城镇的可持续发展与建设．中国人口·资源与环境，2004.5

14　陈元．中国农村城镇化问题研究．北京:中国财政经济出版社,2004

15　朱文忠,杨章明等．小城镇发展导论．上海:立信会计出版社,2002

16　金逸民,张军．中国小城镇发展战略研究．北京:中国农业科学技术出版社,2003

17　叶裕民．中国城市化之路——经济支持与制度创新．北京:商务印书馆,2002

18　陈鸿彬．农村城镇化建设及管理研究．北京:中国环境科学出版社,2005

19　仇保兴．中国城镇化——机遇与挑战．北京:中国建筑工业出版社,2004

20　范纯增等．小城镇特色的培育及其经济发展模式研究．地域研究与开发,2001,(6):20～22

21　赵民．经济发达地区的乡镇企业布局与小城镇发展[J].城市规划,1996,(5):18～21

22　易显奇．土地制度深化改革与小城镇稳步发展刍议．国土资源管理,2002,(2):15～16

23　李朝智．改革小城镇行政管理体制 促进小城镇健康发展．小城镇建设,2001,(1):37～39

24　罗忠桓．从乡村模式到城市管理:建设小城镇行政管理体制的系统工程．行政论坛,2002,(7):35～36

25　刘艳．农村公共财政体制与小城镇建设．财经问题研究,2004,(10):39～44

26　郭文生．对小城镇基础设施建设投融资体制改革的思考．城市管理,2003,(5):64～67

27　程道平等．现代城市规划．北京:科学出版社,2004.9

28　何芳等．城市土地经济与利用．上海:同济大学出版社,2004.9

29　谢文蕙,邓卫．城市经济学．清华大学出版社,1996.9

30　张正河．农业国的城市化——中国乡村城市化研究．北京出版社,2001.1

31　孔祥智．制度创新与中国农村城镇化．中国经济出版社,2001.5

32　朱登兴．统筹城乡发展急需户籍制度改革．经济经纬,2004.1

33　邹农俭．进城人口的户籍制度改革．经济社会体制比较(双月刊),2003.5

34　张华松．小城镇建设中的土地制度缺陷与土地制度创新．价格月刊,2001.8

35　汪阳红．小城镇发展的土地问题．城市问题,2002.4

36　陈鸿彬主编．农村城镇化研究、建设及管理.北京:中国环境科学出版社,2005

37　夏国忠编著．社区简论．上海:上海人民出版社,2004

38　吴亦明著．现代社区工作.上海:上海人民出版社,2003

39　于雷、史铁尔主编．社区建设理论与实务.北京:中国轻工业出版社,2005

40　中国统计年鉴编辑部．中国统计年鉴．北京:中国统计出版社,2005

41　鲁泽等著．小城镇改革与发展——河北省小城镇建设理论与实践．北京:中国物价出版社,2000